당신의
뇌를 믿지 마세요

당신의 뇌를 믿지 마세요

Original Japanese title: ILLUST DE SAKUTTOWAKARU! NINCHI BIAS
Copyright ⓒ 2023 PRESIDENT Inc.
Original Japanese edition published by PRESIDENT Inc.
Korean translation rights arranged with PRESIDENT Inc.
through The English Agency (Japan) Ltd. and Lee & Lee Foreign Rights Agency

ISBN 978-89-314-7919-5

독자님의 의견을 받습니다.

이 책을 구입한 독자님은 영진닷컴의 가장 중요한 비평가이자 조언가입니다. 저희 책의 장점과 문제점이 무엇인지, 어떤 책이 출판되기를 바라는지, 책을 더욱 알차게 꾸밀 수 있는 아이디어가 있으면 팩스나 이메일, 또는 우편으로 연락주시기 바랍니다. 의견을 주실 때에는 책 제목 및 독자님의 성함과 연락처(전화번호나 이메일)를 꼭 남겨 주시기 바랍니다. 독자님의 의견에 대해 바로 답변을 드리고, 또 독자님의 의견을 다음 책에 충분히 반영하도록 늘 노력하겠습니다.

주 소 : (우)08512 서울특별시 금천구 디지털로9길 32 갑을그레이트밸리 B동 10층 (주)영진닷컴
이메일 : support@youngjin.com
※ 파본이나 잘못된 도서는 구입처에서 교환 및 환불해드립니다.

STAFF

감수 이케다 마사미, 모리 쓰타코, 다카히라 미에코, 미야모토 고지 | **번역** 최서희 | **총괄** 김태경 | **진행** 현진영 | **디자인·편집** 김효정
영업 박준용, 임용수, 김도현, 이윤철 | **마케팅** 이승희, 김근주, 조민영, 김민지, 김진희, 이현아
제작 황장협 | **인쇄** 예림

누구라도 빠질 수 있는 사고의 함정,

인지 편향

당신의 뇌를

믿지 마세요

감수 **이케다 마사미, 모리 쓰타코, 다카히라 미에코, 미야모토 고지**
번역 **최서희**

YoungJin.com Y.
영진닷컴

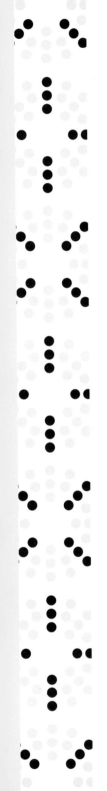

당신의 마음속에도 숨어있는 '인지 편향'

시작하며
– 감수자의 말 –

최근 책이나 웹사이트 등에서 '인지 편향'이라는 말을 자주 볼 수 있습니다. 약간 과장일지 모르지만, 인지 편향이 전례 없이 유행하기 시작했다고 해도 좋을 듯합니다. 이러한 배경에는 '인지 편향에 대해 알아두면 도움이 되지 않을까?'라는 여러분의 기대감이 관련 있는 것은 아닐까요?

가까운 인간관계를 둘러싼 문제부터, 뉴스에서 다룰 법한 사회 문제, 혹은 사고나 재해, 범죄 등 현대 사회에는 다양한 트러블이 넘쳐나고 있습니다. 인지 편향에 대해 알아둔다면 이러한 트러블에 '어떻게 하면 잘 대처할 수 있을까?', '어떻게 하면 미리 방지할 수 있을까?' 하는 힌트를 얻을 수 있을지도 모릅니다.

인지 편향의 '인지'는, 기억이나 선택, 판단 등 인간의 사고와 관련된 마음의 작용을 가리킵니다. '편향'은 왜곡이나 편중을 뜻하므로 인지 편향은 '사고의 편향'이라는 의미입니다. 이러한 사고의 편향, 즉 생각이나 편견은 '무의식' 중에 생깁니다.

인지 편향은 이 책에서 소개하고 있는 것처럼 다양한 상황에서 다양한 패턴으로 나타나는데 스스로는 인지 편향이 일어나고 있다는 것을 좀처럼 알아차릴 수 없습니다. 그러나 어떤 상황에서 어떤 인지 편향이 일어나는지를 미리 알아둔다면 자신의 마음속에 숨어있는 인지 편향을 '알아차리는' 기회도 늘어날 것입니다.

이 책에서는 일상에서 '많이 경험하는' 인지 편향을 일러스트나 퀴즈를 통해 알기 쉽게 소개하는 동시에 그 편향의 근거가 되는 실험이나 조사를 최대한 충실하게 예시로 들며 설명하고 있습니다. 인지 편향을 처음 접하는 사람도 즐겁고 본격적인 지식을 익히는 한 권이 되리라 생각합니다. 이 책과의 만남이 여러분의 일과 생활에 도움이 된다면 기쁘겠습니다.

이케다 마사미, 모리 쓰타코, 다카히라 미에코, 미야모토 고지

'나는 괜찮지'라는 생각은 편향입니다

우리의 평소 생활 속에는, 업무 등 온갖 상황에 다양한 인지 편향이 숨어 있습니다. '나는 객관적인 편이니까', '항상 합리적으로 생각하니까'처럼 '나는 괜찮다'라고 생각하는 사람도 있을지 모릅니다. 그러나 그 생각 자체가 이미 '인지 편향'입니다.

전부 인지 편향일지도?!

인지 편향은
이런 식으로 발생한다

편해지기 위해
뇌는 지름길을 선택한다

무언가를 판단하거나 결정할 때 우리는 자기도 모르는 사이에 차분하게 생각하는 과정을 건너뛰고 지름길을 선택하는 경우가 있습니다. 예를 들어, 자신에게 유리한 정보만 받아들이거나 전혀 관련 없는 정보에서 영향을 받거나 하면 인지에 왜곡이 생깁니다. 이것이 '인지 편향'입니다. 즉, 뇌가 정보 처리의 부하를 줄이기 위해 발생시키는 오류라고 할 수 있습니다.

마음이 안정되는 한편,
오해가 생기는 일도 있다

인지 편향이라고 하면 부정적인 이미지를 갖기 쉽지만, 실은 마음을 안정시키는 역할도 합니다. 인지 편향이 있기에 오히려 불안이나 우울감을 예방하거나 자존감 향상으로 이어지기도 합니다. 그런가 하면, 중요한 장면에서 판단을 잘못하거나 타인과의 사이에 인식 오류가 생겨 불필요한 오해나 충돌이 일어나기도 합니다.

인지 편향은 마음을 안정시키는 역할을 한다

(여러 일이 있었지만)
분명 잘 될 거야!

인지 편향 때문에 오해가 생기기도 한다

(이렇게 생긴 사람과는)
마음이 안 맞겠지

인지 편향 때문에 실패하지 않는 방법

여성이라 무거운 물건은 들지 못할 것이라 생각했는데!

이런 건 가볍지

① 사고의 편향된 성질을 안다

나는 이렇게 생각해

이런 의견도 있구나!

② 자신과 타인의 인식 차이를 의식한다

그렇게 판단하는 근거가 있는지?

③ 판단을 서두르지 않는다

인지 편향과 제대로 마주하기 위해

'나는 괜찮아'를 의심해 보자

인지 편향을 완전히 없앨 수는 없습니다. 그러나 ① 인간에게는 공통된 '사고의 편향된 성질'이 있다는 것을 안다, ② 자신과 타인의 쌍방 시점에서 생각함으로써 '인식의 차이'를 의식한다, ③ 중요한 결정을 할 때는 '판단을 서두르지 말고' 근거가 되는 정보를 찾는 습관을 들인다, 라는 세가지 생각을 하면 인지 편향과 제대로 마주할 수 있게 됩니다.

편향이 일어나기 쉬운 6가지 상황

기억을 떠올렸을 때	**추정**할 때	**선택**할 때

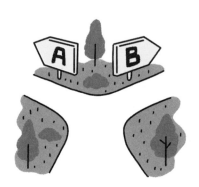

『분명, 그랬을 거야』	『아마, 그럴 거야』	『고른다면 이쪽』
무언가를 생각하려고 할 때, 자기도 모르는 사이에 기억이 바뀌어 있기도 합니다.	수를 어림짐작하거나 확률을 예상할 때 가까운 정보에 좌우되는 일이 있습니다.	무언가를 선택하거나 결단을 내릴 때 비합리적인 선택을 하는 경우가 있습니다.
▶ 자세한 내용은 **17p**부터!	▶ 자세한 내용은 **51p**부터!	▶ 자세한 내용은 **95p**부터!

어느 인지 편향이 어떠한 상황에서 발생하는지를 알면 인지 편향을 제대로 마주할 수 있습니다. 이 책에서는 인지 편향이 일어나기 쉬운 상황을 6가지로 나누어, 총 80종류를 소개합니다.

※ 편향 중에서는 여러 상황에서 일어나는 것이 있습니다. 이 책에서의 분류는 어디까지나 큰 틀이 될 것입니다.

신념이 있을 때

『틀림없이 이럴 거야』

자신이 '이렇다'라고 믿고 있을 때는
다른 관점에서 사물이 보이지 않는 경우가
있습니다.

▶ 자세한 내용은 **129p**부터!

인과를 생각할 때

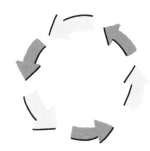

『분명, 이 탓이야』

일어난 일의 원인을 생각할 때,
때마침 무언가의 탓을 하는 경우가 있습니다.

▶ 자세한 내용은 **157p**부터!

진위를 따질 때

『역시, 생각했던 대로야』

진위를 확인할 때는 자신의 예상이나
기대에 따른 정보에 눈을 돌리기 쉽습니다.

▶ 자세한 내용은 **173p**부터!

CONTENTS

제 1 장

분명, 그랬을 거야

기억에 관련된 편향

제 2 장

추정에 관련된 편향

'안전해졌다'라고 느끼면 사람은 위험을 감수한다
위험 보상

제 **3** 장

선택에 관련된 편향

고른다면 이쪽

제 4 장

신념에 관련된 편향

제 5 장

인과에 관련된 편향

제 6 장   역시, 생각했던 대로야

진위에 관련된 편향

분명, 그랬을 거야

기억에 관련된 편향

— MEMORY —

아무리 기억력이 좋은 사람이라도 모든 사실을 정확하게 기억하지는 못할 것입니다.
자신의 상황이나 결과에 맞춰 기억을 덧씌우거나 과거를 미화하는 등
기억에는 다양한 인지 편향이 숨어 있습니다.

기억
MEMORY

본 적 없는데도 본 것 같은 기분이 든다

오기억

생각해
?
봅시다

다음 단어를 10초 이내에 외워봅시다.

인사	큰절	에티켓	옳다
지키다	소중함	도덕	
엄격하다	정중	다도	
필요	작법	훈육	
선생님	올바름		

외웠다면 이 페이지를 보지 말고 오른쪽 페이지로 넘어갑시다.

▷ 경험한 것 같은 가짜 기억

왼쪽 페이지에서 '예의'라는 단어가 있었나요?

사실 '예의'라는 단어는 왼쪽 페이지에 없었는데, '있었던 것 같다'라고 생각한 사람도 있을 것입니다. 제시된 단어가 모두 '예의'와 관련된 것이므로 자신이 눈치채지 못하는 사이에 이미 가지고 있는 지식과 연결 지어 '예의'라는 단어가 있었던 것처럼 느끼는 것입니다[1].

우리들은 '본 것', '들은 것'을 그대로 기억하는 것이 아니라 **실제로는 경험하지 않은 일을 마치 경험한 것처럼 믿는 경우가 있습니다.** 이를 '오기억(false memory)'이라 합니다.

▷ 기억은 고쳐 쓸 수 있다

심리학자 엘리자베스 로프터스의 실험에서는, 우선 참가자의 가족으로부터 참가자가 어린 시절에 체험한 에피소드를 청취했습니다. 나중에 그 에피소드 중에서 '쇼핑몰에서 미아가 된 적 있다'라는 실제로는 없었던 가짜(가공) 에피소드도 섞어서 참가자에게 제시했습니다. 그 후, 참가자에게 어린 시절 체험을 떠올리게 했더니 몇 명은 마치 실제로 체험한 것처럼 그 가짜 에피소드에 관해서도 이야기하기 시작했습니다[2].

사람은 **유도당하면 실제로 일어나지 않은 일을 마치 체험한 것처럼 떠올리기도 합니다.**

그러고 보니 어린 시절에 쇼핑몰에서 미아가 된 적이…

유도 방법에 따라, 기억은 다시 덧씌워지기도 합니다.

🔗 관련된 인지 편향

상상 팽창

유도당하는 것뿐만 아니라 어떤 사건을 반복해서 떠올리는 사이에 그 사건과 실제 체험을 구별하지 못하게 되는 예도 있습니다. 이 현상을 '상상 팽창'이라고 합니다[3].

기억

MEMORY

기분 일치 효과

기분에 따라 떠올리는 것이 달라진다

즐거울 때는 자연스럽게 머릿속에 밝은 음악이 흐르고, 과거의 즐거웠던 일이 떠오릅니다. 반대로 우울할 때는 자연스럽게 머릿속에 우울한 음악이 흐르거나 힘들었던 과거의 일이 떠오릅니다.

▷ 기분과 일치하는 기억을 연쇄적으로 떠올린다

아래 일러스트처럼 **그때 느끼는 기분과 일치하는 기억이 연쇄적으로 떠오르는 현상**을 '기분 일치 효과'라고 합니다[1]. 즐거울 때는 괜찮지만, 우울할 때는 더 우울해질 가능성이 있습니다.

▷ 기분에 따라 판단이나 행동도 변한다

기분 일치 효과는 **사물에 관한 판단이나 타인에 대한 인상, 쉽게 주의를 기울이는 일 등에서도 볼 수 있습니다.** 예를 들어 기분이 좋을 때는 장래의 진로에 대해 긍정적인 판단을 하거나, 만난 사람에게 좋은 인상을 느끼거나 합니다. 또 좋은 뉴스 등 긍정적인 정보에 시선이 가기 쉽습니다.

반대로 우울할 때는 위에서 언급한 내용과 반대의 경우가 생깁니다. 소극적인 판단을 하거나, 상대에게 나쁜 인상을 느끼거나, 부정적인 정보에 시선이 가기 쉬워집니다.

🔗 관련된 인지 편향

상태 의존 기억

기억하는 내용이 무엇이든, 외웠을 때와 같은 상태나 상황이 되면 그 내용을 떠올리는 것을 '상태 의존 기억'이라고 합니다. 즉, 상태나 상황이 기억을 떠올리는 수단이 됩니다[2].

 기억

MEMORY

사후 정보 효과

 생각해
?
봅시다

아래 일러스트를 10초 정도 살펴봅시다.

다 보았으면 이 페이지를 보지 않도록
하고 오른쪽 페이지로 넘어갑시다.

▷ 앞 유리는 깨져 있었나?

왼쪽의 일러스트를 보지 말고 대답해 봅시다. 가드레일에 충돌한 차는 시속 몇 km로 달리고 있었다고 생각하나요?

심리학자 엘리자베스 로프터스의 실험에서는 참가자에게 자동차 사고 영상을 보여준 뒤 똑같이 속도에 관한 질문을 했습니다. 이때 참가자를 복수의 그룹으로 나누고 '심하게 충돌했다'를 다양한 말로 바꿔서 질문했더니, **시속을 가장 빠르게 어림잡은 그룹은 '심하게 충돌했다'라는 말을 들은 참가자**였습니다. 그다음은 '충돌했다', '닿았다', '부딪혔다', '접촉했다' 순으로 추측한 속도가 느려졌습니다. 이 실험 1주일 후, 같은 참가자에게 이번에는 '앞 유리는 깨져 있었습니까?'라고 질문했습니다. 그러자 '깨져 있었다'라고 대답한 비율은 1주일 전에 '부딪혔다'라는 단어로 질문을 받은 그룹에서는 14%였던 반면, '심하게 충돌했다'라는 말로 질문을 받은 그룹에서는 32%에 달했습니다.

▷ 목격 증언이 옳다고만은 할 수 없다

어떤 사건을 실제로 목격했다고 해도, 나중에 그 사건과 관련한 다른 정보를 접하면 **그 정보의 영향을 받아 원래의 기억이 바뀌는 경우가 있습니다.** 위의 실험처럼 '심하게 충돌했다'라는 말을 들었기 때문에 '분명 앞 유리도 깨져 있었을 것이다'라고 생각하는 현상을 '사후 정보 효과'라고 합니다.

심하게 충돌했댔지….

격돌, 충돌, 접촉 등 그 정보를 들었을 때의 단어가 기억에 영향을 미칩니다.

🐦 인지편향 여담

이너선스 프로젝트

무고한 죄로 수감되는 원인 중에서도 많은 것이 '잘못된 목격 증언'이라고 알려져 있습니다. 그중에는 사건과 관계없는 곳에서 본 얼굴을 확실히 사건 현장에서 본 것처럼 믿는 경우가 있는데, 이는 '출처 모니터링 오류(43p)'와 관련 있습니다. 미국에서는 누명을 증명할 목적으로 법학자들이 1992년에 '이너선스 프로젝트'를 시작했습니다.

 기억
MEMORY

장밋빛 회상

 생각해 봅시다

학창 시절과 지금, 언제가 더 행복했나요?

A   학창 시절

B   지금

C   어느 쪽이든 비슷하다

학창 시절과 사회인이 된 현재의 자기 모습.
어느 쪽의 상황을 행복하다고 느끼는 걸까요?

▷ 장밋빛 안경을 쓰고 과거를 바라보고 있는가?

왼쪽 페이지의 질문에 대해 '학창 시절이 더 행복했다'라고 생각한 사람이 많지 않을까요?

영어로 '장밋빛 안경을 통해 보다(look at ~ through rose-colored glasses)'라는 표현이 있습니다. **'옛날엔 좋았지'라고 느끼는 것이 마치 장밋빛 안경을 통해 과거를 보는 것과 같은 일이라는 뜻입니다.** 그렇게 과거를 미화하는 편향을 '장밋빛 회상'이라고 합니다.

지나간 시대를 그리워하는 '향수(노스탤지어)'도 부분적으로는 이 인지 편향에 의한 것이라 할 수 있습니다.

▷ 실망의 감정은 옅어지기 쉽다

어느 연구에서는 '유럽으로 떠나는 여행', '추수감사절 휴가', '캘리포니아에서 3주 동안 자전거 여행'이라는 다른 휴가를 받은 사람들에게 앙케트를 실시해 휴가 전, 휴가 중, 휴가 후 각각에 대해 어떤 기분을 느꼈는가를 평가·기술하도록 했습니다.

그러자, **휴가 전에는 휴가가 즐거울 것이라 기대했던 사람은 휴가 중에 실망스러운 일이 벌어졌어도 휴가 후에 '좋은 휴가였다'라고 평가했습니다**[1].

장밋빛 회상은 기대와 현실이 불일치해도 실망스러운 감정은 희미해지기 쉽다는 '정서적 퇴색 편향'(아래의 '관련된 인지 편향' 참고)이 작용하여 일어난다고 합니다.

학창 시절 연인과의 추억은 좋은 기억뿐…?

🔗 관련된 인지 편향

정서적 퇴색 편향

장밋빛 회상이라는 심리 현상이 일어나는 것은 그것이 인간에게 필요하기 때문입니다. 부정적인 사건에 의해 생기는 감정은 긍정적인 사건에 의해 생기는 감정에 비해 옅어지기 쉬우며, 이를 '정서적 퇴색 편향'이라고 합니다. 그러한 괴로운 과거의 경험에 의한 마음의 부담을 덜어주는 방어 시스템이 없다면, 싫은 기억이 사라지지 않고 남아 있게 될 것입니다. 장밋빛 회상은 이러한 '마음의 구조'에 의해 생기는 것입니다[2].

기억

MEMORY

완료한 것일수록 잊어버리기 쉽다

자이가르닉 효과

하던 일일수록 기억에 남아 있다

열심히 기획서를 만들고 있는 도중에는 자료의 세세한 숫자까지 기억하고 있습니다. 그러나 기획서를 제출한 순간 자세한 내용을 완전히 잊어버리는 경우가 있습니다.

전년 대비 매출이 A지점은 25% 증가했고, B지점은 12% 줄어들었네. 좋아, ○○을 도입해서 가격을…

중얼 중얼

클로즈업! 인지 편향 실험

'하지 않은 일'은 후회하기 쉽다

어느 실험에서 지금까지의 인생에서 후회한 일을 참가자에게 물었더니, '한 일에 대한 후회'가 16%, '하지 않은 일에 대한 후회'가 84%라는 결과가 나왔습니다[1]. '하지 않은 일에 대한 후회'를 잘 기억하는 것은 자이가르닉 효과도 영향을 미치고 있다고 할 수 있습니다.

A지점과 B지점의 매출은 전년 대비 어느 정도야?

어?!
그게….

▷ 하루가 끝날 때 생각나는 일은?

퇴근길에 그날의 일을 떠올려봅시다. 먼저 떠오르는 것은 끝나지 않은 업무가 아닐까요?

완료한 과제보다 완료하지 않은 과제가 더 기억에 남기 쉽다는 것은 실험에서도 확인할 수 있었습니다. 이 실험의 참가자는 상자 조립이나 퍼즐 등 20종류의 과제를 수행하라는 지시를 받았습니다. 그중 절반의 과제는 완료하고 나서 다음 과제로 넘어가도록 하고, 나머지 절반의 과제는 완료하지 않은 채 다음 과제로 넘어가도록 했습니다. 그리고 실험 마지막에 어떤 과제가 있었는지를 참가자에게 떠올리게 했더니, 완료한 과제보다 완료하지 못한 과제를 약 2배 정도 더 떠올렸습니다[2]. 이 현상은 연구자의 이름을 따서 '자이가르닉 효과'라고 불리고 있습니다.

▷ 완료하지 못한 일이 생각나기 쉬운 이유

과제에 몰두하고 있는 동안은 긴장감이 계속되며, 항상 과제를 신경 쓰는 상태입니다. 또 인간에게는 '애매함을 피하고 확실한 상태를 만들고 싶다'라는 욕구가 있어서 과제를 완료하지 않은 채 남아있으면 기분이 개운하지 못합니다. 이와 같은 기분이나 긴장 상태가 계속되는 동안에는 자신이 몰두하고 있는 과제의 내용을 비교적 자연스럽게 떠올릴 수 있습니다.

그러나 과제를 완료하면 그러한 상태가 해소되기 때문에 그에 따른 자세한 내용이나 경위도 떠올리기 어려워지는 것입니다[2].

기억
MEMORY

사후 확증 편향

사람은 무슨 일이 일어났을 때, '역시 그럴 줄 알았다'라고 생각하기 쉽습니다.

▷ 일어난 일은 모두 예상대로였다?

야구 경기에서 예상치 못한 역전극이 펼쳐지거나, 선거에서 예상 밖의 결과가 나오거나 하면 당신은 솔직하게 놀라나요? 아니면 예상 범위 내의 일이었다고 생각하나요?

우리는 무슨 일이 일어났을 때 '역시 그럴 줄 알았어.'라고 생각하는 경우가 자주 있습니다. 그러나 정말 처음부터 그런 예측을 했던 걸까요?

일이 일어난 후에, 결말을 알기 전부터 예상했다고 생각하는 경향을 '사후 확증 편향'이라고 합니다.

▷ 사람은 결과에 맞추어 기억을 바꾼다

냉전 시대인 1972년, 미국의 리처드 닉슨 대통령이 베이징과 모스크바를 방문해 세계를 놀라게 했습니다. 이때 '닉슨이 마오쩌둥을 만나다.' 등의 몇 가지 일이 일어날 가능성을 사전에 대학생들에게 예측하게 하고, 대통령이 귀국하고 나서 얼마 후에 어떤 예측을 했는지 물었습니다. 그러자 마치 처음부터 사실에 들어맞는 예측을 했다는 듯이 대답하는 경향을 보였습니다[1].

즉, 현실에서 일어난 일은 사전에 예측했을 때보다 높은 확률로 일어날 것으로 예측한다고 대답했으며, 현실에서 일어나지 않은 일은 사전에 예측했을 때보다 일어날 확률이 낮을 것으로 예측한다고 대답한 것입니다. 사후 확증 편향이 현저하게 나타난 예라고 할 수 있겠지요.

역시.

그럴 줄 알았어.

그러니까 말했잖아?

이러한 말은 사후 확증 편향의 신호일지도 모릅니다.

클로즈업! 인지편향 실험

사고는 예견할 수 있었을 텐데?

어느 실험에서 돌발 홍수로 인한 사고의 재판에, 증거로 제출된 강 사진을 참가자에게 보여주었습니다. 이때 일부 참가자에게 이 강에서 홍수가 났다는 것을 알려주었더니 그 내용을 모르는 참가자보다도 '물이 탁하고 홍수가 일어날 확률이 높다'라고 대답하는 경향이 나타났습니다[2].

이처럼 사고가 발생한 후에는 사후 확증 편향 때문에 예측하지 못한 사고를 '예견할 수 있었을 것이다'라고 생각하게 되어 관계자를 부당하게 비판할 위험성이 있습니다.

기억
MEMORY

친숙 효과

생각해
?
봅시다

이 중에서 유명인의 이름이라고
생각하는 것을 골라 봅시다.

A 최유빈

B 안재혁

C 김백호

D 윤시현

E 유세영

F 박상욱

▷ 가상의 이름이 하루아침에 유명인의 이름으로

왼쪽 페이지에 기재한 이름은 올림픽에서 활약한 스포츠 선수 12명의 성과 이름을 분리해 무작위로 조합해 만든 것입니다. 즉, 모두 가공의 이름이지만, 어쩐지 낯익고 들어본 적 있는 것 같으므로 현존하는 유명인이라 착각한 사람도 있을 것입니다.

어느 실험에서는 참가자에게 가공의 이름 목록을 보여주고 각각의 이름에 대해 발음하기 쉬운 정도에 대해 평가하도록 했습니다. 그리고 다음 날, 그 가공의 이름을 유명한 사람, 그렇지 않은 사람의 이름이 쓰여있는 목록에 섞어놓았더니 유명인의 이름이라 착각하기 쉽다는 것을 알 수 있었습니다[1].

실제로는 그렇지 않은 이름을 유명인의 것이라고 느끼게 되는 이 편향은 '친숙 효과'라고 합니다.

▷ 무명의 신인이 유명인이 되는 이유

사람은 우연히 보고 들은 이름을 '알고 있다'라고 느끼는 경우가 있습니다. 그리고 그것이 왜 그런지 모를 때는 '아마 유명한 사람의 이름이니까 그렇겠지.'라고 추측합니다.

선거철이 되면 같은 후보자의 이름을 여기저기 포스터에서 보거나, 선거 유세 차량의 안내 방송에서 여러 번 듣거나 합니다. 이렇게 해서 비록 무명의 신인이라도 **매일 이름을 보고 듣다 보면 어쩐지 알고 있는 사람 같다는 생각이 드는 것입니다.**

이제까지 전혀 몰랐던 후보자라 해도, 이름을 반복해서 보고 듣다 보면 전부터 알던 사람처럼 느끼는 경우가 있습니다.

> 🔗 **관련된 인지 편향**
>
> ### 단순 노출 효과
>
> 친숙 효과와 비슷한 편향으로 '단순 노출 효과'가 있습니다. 이는 같은 대상을 반복해서 접하는 사이에 그 대상을 점점 좋아한다고 느끼게 되는 것입니다[2].
>
> 신상품의 광고를 몇 번이나 보고 듣는 사이에 처음에는 흥미가 없었던 상품에 친숙함이 생긴다는 것은 자주 있는 일일 것입니다.
>
> 다만, 처음에 보았을 때 불쾌하다고 느낀 것에 대해서는 반복해서 접해도 호감도가 올라가지는 않는 것 같습니다.

기억

MEMORY

떠오르는 것은 젊은 시절의 일뿐

회고 절정

10~20대 시절에 일어난 일은 잘 기억한다

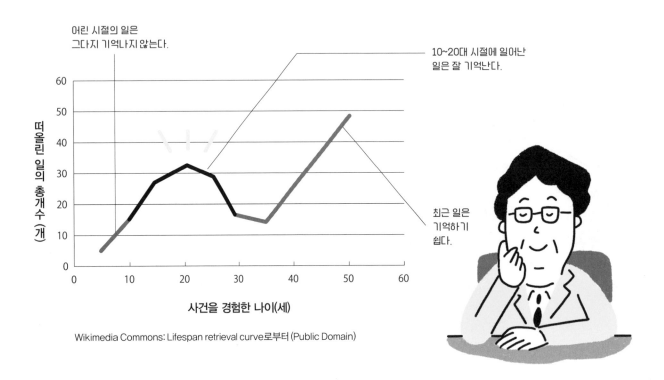

어린 시절의 일은
그다지 기억나지 않는다.

10~20대 시절에 일어난
일은 잘 기억난다.

최근 일은
기억하기
쉽다.

떠올린 일의 총개수 (개)

사건을 경험한 나이(세)

Wikimedia Commons: Lifespan retrieval curve로부터 (Public Domain)

▷ 기억을 떠올리기 쉬운 시기가 있다?!

"「여름」이라고 하면 생각나는 것은?"이라는 질문처럼, 몇 개의 단어에 관한 과거의 경험(자전적 기억)을 떠올리게 하면 **10~20대 시절의 일을 떠올리기 쉽다**는 것을 실험을 통해 알게 되었습니다[1].

떠올린 사건의 숫자를 경험한 나이별로 합계를 내보면, 왼쪽 페이지의 그래프가 됩니다. 총개수가 많은 부분이 마치 볼록한 커브(범프)처럼 보이기 때문에 이 현상은 '회고 절정(레미니센스 범프)'라고 불립니다. 레미니센스란 회상을 말합니다.

예를 들어 '좋아하는 음악은 무엇인가요?'라는 질문을 받았을 때도, 학창 시절에 자주 듣던 음악을 떠올리는 사람이 많은 것은 아닐까요?

▷ 10~20대 시절에 일어난 일을 떠올리기 쉬운 이유

10~20대 시절의 일을 떠올리기 쉬운 것은 이 시기의 인지 기능(뇌의 정보처리 기능)이 가장 충실하기 때문입니다. 또 이 시기는 운동회나 수학여행 같은 다양한 에피소드를 동반하는 일(라이프 이벤트)이 아주 많습니다. 그러한 에피소드를 떠올릴 때 당시의 감정이 되살아나기도 하는데, 이는 **감정을 동반한 일이 기억에 남기 쉽기 때문**입니다. 10~20대 시절의 일이 자주 떠오르는 것은 이러한 기억의 구조와 관련 있다고 할 수 있습니다.

축제 포스터를 보고 수십 년 전 중학생 시절의 기억을 떠올리기도 합니다.

클로즈업! **인지 편향 실험**

회고 절정은 성별이나 문화적 배경에 따라 달라진다

자신의 과거에 있었던 일을 떠올리게 하면, 회고 절정 시기에는 성별의 차이가 있고, 남성보다 여성 쪽이 젊은 시절을 더 잘 떠올린다는 것을 알 수 있었습니다. 또 네덜란드인보다 미국인이 젊은 시절을 더 많이 떠올리는 경향이 있다는 것이 밝혀졌습니다[1].
이처럼 과거의 일을 떠올리기 쉬운 시기는 성별이나 문화적 배경의 영향으로 인해 달라지기도 합니다.

 기억
MEMORY

이름은 외관을 드러낸다?!

라벨링 효과

같은 그림을 보여주었는데…

사전에 '이 그림은
모래시계와
비슷합니다'라고
대답한 경우

사전에 '이 그림은
테이블과
비슷합니다'라고
대답한 경우

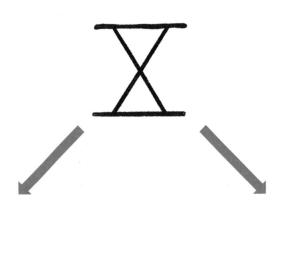

그림을 보여준 후에 '아까 본 그림을 그려보세요'라고 했을 때,
'○○과 비슷합니다'라는 말에 영향을 받은 그림을 그리기 쉽습니다.

▷ 기억은 라벨의 영향을 받는다

왼쪽 페이지처럼 같은 그림을 보여주어도 '모래시계'나 '테이블'이라는 단어의 정보가 동반됨에 따라 기억이 영향을 받는 경우가 있습니다[1]. 분명 그림을 기억하고 있을 텐데 '모래시계'와 같은 단어, 즉 **라벨에 의해 기억이 달라지기 때문**입니다.

정보에 특정 '라벨'을 붙임으로써 사물의 이해나 기억의 방향이 결정되는 것을 '라벨링 효과'라고 합니다. 라벨링에는 대상의 이미지를 방향 지어서 라벨과 대상의 연결을 고정화하는 효과가 있습니다.

▷ 라벨링으로 구매 욕구를 환기

폴더나 파일에 이름을 붙일 때는 한눈에 내용을 알 수 있게 합니다. 숫자나 기호만으로는 파일을 찾는 데 불편하기 때문입니다.

또 **새로운 상품이나 서비스 등을 기억하게 하는 데 능숙하게 라벨링을 하는 것도 효과적**이라고 알려져 있습니다. 그 상품에 좋은 인상이나 이미지, 친밀감이 생기거나 해서 사람들이 그 상품을 사고 싶어지는 효과가 있습니다.

이처럼 라벨링은 비즈니스 현장에서도 효과적입니다.

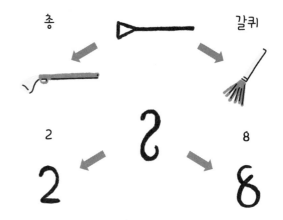

총 갈퀴

그림을 확실하게 보고 외울 작정이라 해도,
기억에는 라벨이 붙습니다.

🔑 인지편향 여담

라벨링 이론

라벨링에는 마이너스인 면도 있습니다. 예를 들어 사람을 판단할 때 무의식중에 라벨링을 해버리면 차별이나 편견으로 이어질 우려가 있습니다. 더욱이 그런 좋지 않은 라벨을 붙임으로써 원래는 문제가 되는 행동을 하지 않던 사람이 실제로 문제를 일으킬 가능성도 지적되고 있습니다.

사회학의 '라벨링 이론'에서는 문제 행동은 그 사람의 내면적인 것 때문이 아니라 주위의 라벨링(일방적 평가)에 의해 생기는 것이라 해석하고 있습니다.

자신과 관련된 일은 잊어버리기 힘들다

자기 참조 효과

자신과 관련 있는 일은 기억에 남는다

자신과 연관시키는 일이 기억하는 요령이라고도 할 수 있습니다.

▷ 정보 처리가 깊어질수록 기억에 남는다

회의 날짜는 바로 메모하지 않으면 잊어버리기 쉬운데, 그날이 자신의 생일이라면 메모를 하지 않아도 잊어버리지 않습니다. 이처럼 **자신과 관련 있는 것은 기억에 남기 쉽다**는 경향을 '자기 참조 효과'라고 합니다.

어느 실험에서는 처음에 참가자에게 단어를 제시하고 그 단어가 질문에 부합하는지를 '네'나 '아니오'로 대답하게 했습니다 (참가자에게는 기억에 관련된 실험이라는 것을 알리지 않았습니다).

질문은 생각하는 수준(처리 수준)에 따라 ① 형태(이 단어는 대문자로 쓰여 있는가?), ②음운(이 단어는 'train'과 같은 운을 따르고 있는가?), ③ 카테고리화(이 단어는 'fish'와 같은 카테고리인가?), ④ 의미 (아래 빈칸에 'friend'는 해당하는가? I met a ___.) 이렇게 4단계로 설정했습니다.

그 후의 기억 테스트에서는 형태(18%), 음운(78%), 카테고리화 (93%), 의미(96%)의 순으로, **정보 처리가 어려워질수록(처리에 부하가 걸릴수록) 기억에 남는다**는 것을 알 수 있었습니다[1]. 이는 '처리 수준 효과'라고 부릅니다.

▷ 자기 참조 효과는 이렇게 확실히

다른 실험에서는 정보처리의 깊이에 관해 단어를 '형용사'로 바꾸어 추가 실험을 했습니다. 참가자에게 형용사(예를 들어 '아름답다')를 제시하고 ① 형태, ② 음운, ③ 의미 거기다 추가로 ④ 자신과 관련된 것(자신에게 해당하는가?)인지, 이렇게 네 가지 처리 수준의 질문에 '네'나 '아니오'로 대답하게 했습니다.

그 결과 ④의 **자신과 관련지어 답변했을 때의 형용사를 잘 생각해 낼 수 있다**는 것이 밝혀졌습니다[2].

남의 일이 아니라 '자기 일'이라 인식하면 내용이 머릿속에 쉽게 들어옵니다.

잊고 싶은 것일수록 머리에서 떠나지 않는다

사고억제의 역설적 효과

생각하지 않으려고 할수록 생각난다

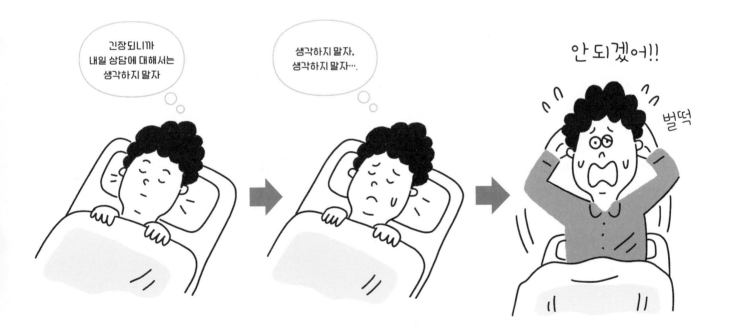

▷ '생각하지 말아야지'라고 다짐하면 오히려 의식하게 된다

내일은 중요한 상담을 하는 날. 푹 자기 위해서 상담에 대한 것은 생각하지 말자고 할수록, 오히려 쓸데없이 생각하게 되어 잠들 수가 없습니다…. 이런 경험은 누구나 있지 않을까요?

어느 실험에서는 처음부터 '하얀 곰을 떠올려 보세요'라고 지시를 받은 경우보다, 처음 5분 동안 '하얀 곰을 떠올리지 마세요'라는 지시를 받고 다음 5분 동안은 '하얀 곰을 떠올려 보세요'라고 지시받은 쪽이, 하얀 곰을 머릿속에 차례로 떠올렸다는 것을 알 수 있었습니다[1].

이처럼 어떤 일을 생각하지 않으려고 노력하면, 일반적으로 **노력을 그만두는 순간에 반동(리바운드)이 일어나서 머릿속이 그 일로 가득 차버리는 경우**가 있습니다. 이를 '사고억제의 역설적 효과'라고 합니다.

'하얀 곰에 관해 생각 하지 마'라는 말을 들으면 괜히 더 생각하고 맙니다.

▷ 전혀 관련 없는 일을 생각해 본다

하얀 곰 실험에는 속편이 있습니다. '하얀 곰을 떠올리지 마세요'라고 지시할 때 일부 참가자에게는 '만약 하얀 곰이 머릿속에 떠오르면 그 대신 빨간 폭스바겐 사 차량을 생각하세요'라고 덧붙였습니다. 이렇게 **그냥 생각하지 않으려는 것이 아니라 '따로 생각할 것'을 준비해 두자**, 사고억제의 역설적 효과는 일어나지 않았습니다. 다만 '따로 생각할 것'은 '생각하지 말아야 할 것'과 전혀 관련 없는 것으로 하는 것이 중요한 포인트입니다.

> **클로즈업!** 인지편향 실험
>
> ### 떠올리고 싶지 않은 기억을 떠올리지 않으려면
>
> 기억하고 싶지 않은 것을 떠올리지 않으려면 어떻게 해야 좋을까요? 이제까지의 실험 결과를 통해, 좋아하는 것에 집중해 기분 전환을 하거나, 명상을 하는 등 효과적인 방법을 여러 개 제안받았습니다[2]. 이 모든 것의 공통점은 무리하게 잊으려고 하지 않는 것입니다. 생각하는 것을 자연스럽게 받아들이는 쪽이 오히려 생각을 잘 떠올리지 않게 됩니다.

기억
MEMORY

압축 효과

> **실제 시간의 길이와 자신이 느낀**
> **시간의 길이는 다르다**

사람은 옛날 일을 최근에 일어난 일처럼 느끼
거나, 최근의 일을 한참 전에 일어난 것처럼
느끼기 쉽습니다.

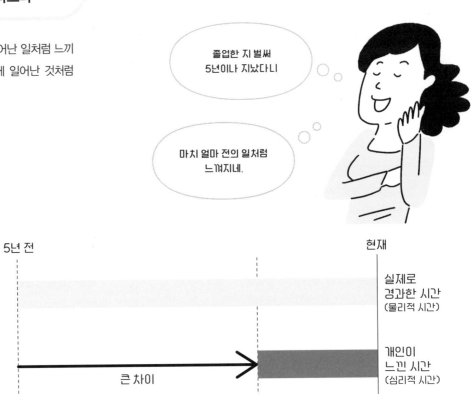

졸업한 지 벌써
5년이나 지났다니

마치 얼마 전의 일처럼
느껴지네.

5년 전

현재

큰 차이

실제로
경과한 시간
(물리적 시간)

개인이
느낀 시간
(심리적 시간)

▷ 물리적 시간과 심리적 시간의 차이

오래전에 일어난 일을 최근의 일처럼 느끼는 반면, 아주 최근 일을 오래전에 일어난 것처럼 느끼는 일이 있습니다. 이처럼 **실제로 경과한 시간(물리적 시간)과 개인이 느끼는 시간(심리적 시간)의 길이에 차이가 생기는 것**을 확인한 실험이 있습니다.

참가자에게 개인적인 사건에 관해 묻고, 그 일이 일어난 시기를 '○년 ○월 ○일' 등의 구체적인 시기나 지금을 기준으로 '○주 전' 등의 대략적인 시기로 대답하게 하자, 구체적인 시기로 대답하게 했을 때가 더욱 사실에 가깝다는 것을 알 수 있었습니다[1]. '○주 전' 등과 같이 개인이 느끼는 심리적 시간의 감각은 물리적 시간에 비하면 모호하다는 것을 알 수 있습니다.

▷ 3년을 기점으로 '시간의 차이'가 바뀐다

또한 오래된 사건에 관해서는 최근에 일어난 일로서 큰 '망원경 효과'가 작용하고, 최근의 사건에 관해서는 조금 전에 일어난 일로서 작은 '망원경 효과'가 작용한다는 것도 알 수 있었습니다.

이 망원경 효과의 정도(시간의 차이)가 바뀌는 경계는 대략 3년으로 알려져 있습니다. **3년보다 더 전에 일어난 일은 최근 일처럼 느껴지고, 3년 이내에 일어난 일은 그 일이 일어났을 때보다 조금 더 전에 일어났다고 느낀다고 합니다.**

이사한 지 아직
10일밖에 안 됐어?!

분명 더 지났다고
생각했는데!

10일 전 　　　현재

실제로
경과한 시간
(물리적 시간)

개인이
느낀 시간
(심리적 시간)

← 작은 차이

기억

MEMORY

구글에서 검색한 정보는 금방 잊어버린다

구글 효과

바로 검색할 수 있는 내용은
기억에 남지 않는다

신경 쓰이는 단어가 있어서 구글에서 검색했습니다.
그러자 검색 이력에서 일주일 전에 완전히 똑같은 단
어를 검색했다는 것을 알게 되었습니다.

일란 구글링 해보자!
…어라?

▷ 구글 선생님이 계시니까 괜찮아!

모르는 것은 바로 인터넷으로 찾아보는 사람이 많을 것입니다.
그러나 '이건 전에도 찾아봤었잖아.'라고 도중에 알아차리고 왜
잊어버렸는지 이상하게 생각한 적이 있지 않나요?

　컴퓨터나 스마트폰의 보급으로 인터넷으로 검색하면 찾는
정보를 간단히 조사할 수 있게 되었습니다. 이처럼 **언제나 인터
넷상에서 접근할 수 있고 정보 저장이 가능한 디지털 기기에서
꺼낼 수 있는 정보는 머릿속에 기억하기 어려운 듯합니다.** 이
를 '구글 효과' 혹은 '디지털 건망'이라고 합니다[1].

스케줄도

쇼핑 메모도

전화번호도 080 - ····

메일 주소도 ○○○@ ···

디지털 기기에 정보를 무엇이든 보존할 수 있기 때문에 자신의 머릿속에 정보를 보존하지 않게 되었는지도 모릅니다.

▷ 정보를 잊어버려도 보존 장소는 기억하고 있다

어느 실험에서 참가자에게 40개의 잡지식을 제시하고 그것을 컴퓨터에 입력하도록 했습니다. 이때, 절반의 참가자에게는 '입력한 내용은 컴퓨터에서 제거된다'라고 알리고, 다른 절반의 참가자에게는 '입력한 내용은 컴퓨터에 보존된다'라고 알렸습니다. 입력이 끝난 후, 그 지식의 내용에 관해 질문하자, '보존된다'라는 이야기를 들은 참가자 쪽이 내용을 기억하지 못한다는 것이 밝혀졌습니다.

단, 후속 실험 결과에서 **내용에 대해서는 기억하지 못해도 저장 장소에 대해서는 잘 기억하고 있다**는 것을 알 수 있었습니다. 저장 장소만 알면 언제든지 정보에 접근할 수 있기 때문입니다[1].

🔑 인지편향 여담

출처 모니터링 오류

그 기억을 언제 어디서 어떻게 얻었는가 하는 정보의 출처 (뉴스 출처)를 특정할 수 없거나 잘못 특정하는 것을 '출처 모니터링 오류'라고 합니다. 예를 들어 '어딘가에서 만난 적 있는 사람이다'라고 생각해 인사를 했으나 '어디서 만났는지는 바로 기억나지 않았다'라는 경험을 한 적 있지 않나요? 재판의 증거가 되는 목격 증언에는 '어디서 그것을 보았는가'라는 정보의 출처에 관한 오류가 적지 않다는 것을 알 수 있습니다[2].

 기억
MEMORY

초두 효과

최초의 정보는 기억에 남기 쉽다

신입사원이 일제히 자기소개를 하면, 처음에
소개한 사람의 이름 이외에는 나중에 잘 기억
나지 않는 경우가 있습니다.

○지수입니다.

박△현입니다.

김…입니다.

044

▷ 외운 순서가 떠올리기 쉬운 정도에 영향을 미친다

상사에게서 업무를 몇 가지 지시받았을 때, 나중에 그 일을 떠올리려고 하면 처음에 지시받은 일 외에는 잘 생각나지 않았다…. 이런 경험 있지 않나요?

어느 실험에서는 참가자에게 15개 정도의 단어 목록을 보여주고, 그 후에 기억나는 단어를 적게 했습니다. 그러자 **제시된 순서에 따라 기억에 남기 쉬운 정도에 차이가 있었고**, 가장 처음에 본 단어를 더 잘 기억한다는 것을 알 수 있었습니다[1]. 이와 같은 현상을 '초두 효과'라고 합니다.

▷ 초두 효과가 일어나는 이유

이러한 초두 효과는 왜 일어나는 것일까요?

사람에게는 정보를 일시적으로 기억해 두는 능력이 갖춰져 있지만, 그 용량은 한정되어 있습니다. 그 때문에 새로운 정보가 들어와도 보통은 수십 초 만에 잊어버립니다. 그러나 앞서 이야기한 실험처럼 어떻게든 기억을 유지하려고 하는 경우, 가장 처음에 제시된 단어를 **머릿속에서 반복해서 복창하는 등의 노력을 하므로** 잘 기억한 것입니다.

또, 목록의 마지막쯤에 보여준 단어도 처음에 보여준 단어와 마찬가지로 잘 기억한다는 것이 밝혀졌습니다[1]. 이를 '최신 효과'라고 합니다. 더욱이 단어를 본 직후에 떠올리는 경우는 일시적이라면 기억할 수 있기 때문에 이러한 '최신 효과'가 나타날 수 있지만, 생각을 떠올릴 때까지 시간이 이미 지나 있다면 최신 효과는 나타나지 않습니다.

기억
MEMORY

'피크-엔드' 법칙

생각해 ? 봅시다

**어느 쪽 환자가 검사에 대해
더 좋지 않은 인상을 받았을까요?**

대장 내시경 검사를 받은 두 명의 환자에게 검사 중 고통의 강도를 10단계로 평가하게 했습니다. 검사 시간은 환자 A 가 8분 정도, 환자 B가 24분 정도였습니다. 검사 종료 후에 이 검사에 대해서 더 안 좋은 인상을 받은 사람은 어느 환자일까요?

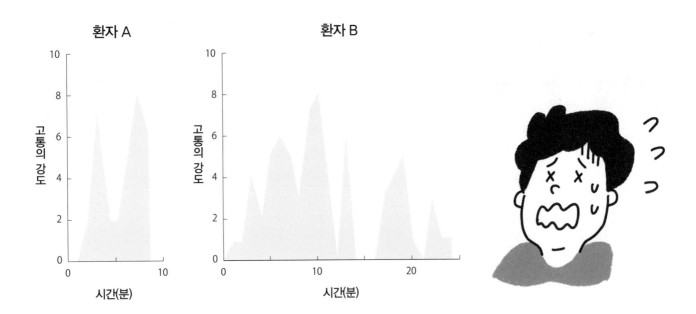

▷ '괴로운 경험'과 '괴로운 기억'은 다른가?

피크일 때 고통의 강도는 환자 A·B 모두 동일합니다. 따라서 검사에 대해 안 좋은 인상이 남은 사람은 검사 시간이 길고, 그만큼 고통을 지속해서 경험한 환자 B라고 예상한 사람이 많을 것입니다.

그러나 실제로는 환자 A 쪽이 검사에 대해서 훨씬 나쁜 인상을 가지고 있었습니다[1]. 환자 A의 경우, **고통의 최고점을 느낀 직후에 검사가 종료되었기 때문에 불쾌한 기억이 남았다**고 할 수 있습니다.

다른 환자에게서도 비슷한 경향이 나타났습니다. 검사 시간은 짧은 사람은 4분, 긴 사람은 69분으로 환자에 따라 크게 차이가 있었으나, 고통이 유지된 시간이 내시경 검사에 대한 인상을 좌우하는 것은 아니었습니다.

프레젠테이션 도중과 마지막에 청중의 인상에 남을만한 이야기를 하는 것을 추천합니다.

▷ 프레젠테이션도 피크와 엔드가 중요

이처럼 **기억에 근거한 평가는 경험이 지속된 시간이 아니라 피크일 때와 종료(엔드)일 때의 경험에 따라 결정된다**는 것을 알 수 있습니다. 이를 '피크-엔드(Peak-End)의 법칙'이라고 합니다. 이 법칙은 괴로운 경험뿐만 아니라 즐거운 경험에도 해당합니다. 예를 들어 프레젠테이션할 때, 조금 길고 어려운 내용이라 해도 도중에 체험담으로 큰 웃음을 주거나 마지막에 간직해두었던 '그렇구나'라고 생각할 수 있는 이야기를 하면, '좋은 프레젠테이션이었어'라는 인상을 남길 수 있을지도 모릅니다.

클로즈업! 인지편향 실험

고통의 지속 시간은 무시된다?

피크 엔드의 법칙을 검증한 다른 실험에서는 지속 시간이 무시되는 모습이 보다 명확하게 나타나고 있습니다.

이 실험에서는 차가움을 아슬아슬하게 참을 수 있는 온도(14℃)의 물에 60초 동안 손을 담그는 과제 ①과, 과제 ①에다가 추가로 그 후에 수온을 1℃ 올린 물에 30초간 손을 더 담그는 과제 ②, 이렇게 양쪽을 참가자에게 경험하게 했습니다. 그 후, 한 번 더 경험한다면 어느 쪽이 좋은지를 물었을 때, ②를 선택한 참가자가 대부분이었습니다. ①과 ②를 경험하는 순서가 바뀌어도 마찬가지였습니다[2]. 고통의 시간이 길어도 '끝이 좋으면 다 좋다'라고 생각하기 때문입니다.

저 사람 옛날부터 특이하지 않아?

일관성 편향

옛날의 인상과 달라서 깜짝 놀랐다

옛날에 기억하기론 신경질적이었던 사람이, 방긋 웃으면서 말을 걸어서 당황한 적이 있습니다.

▷ 타인에게 일관성을 요구하기 쉽다

사람이 이전과 다른 행동을 취하고 있으면 '옛날에는 저런 사람이 아니었는데' 하고 당황하지 않을까요?

우리는 '사람의 의견이나 행동은 과거에도, 현재에도, 미래에도 계속 변하지 않는다'라고 믿고 있습니다. 이를 '일관성 편향'이라고 합니다. **사람의 의견이나 행동이 일관되지 않으면 우리는 위화감을 느끼기 쉽지만**[1], 실제로는 인간의 삶은 시간이 지남에 따라서 크게 변화하는 일도 많습니다.

▷ 자신에 대해서도 일관성을 요구한다

일관성 편향은 타인에 대해 생길 뿐만 아니라, 자신에 대해서도 생깁니다[2]. 그 때문에 **실제로는 자신의 의견이 변화하고 있어도 '내 의견은 옛날부터 변하지 않아!'라고 생각하기 쉽습니다.** 혹은 과거에 자신이 취한 행동과의 일관성을 유지하기 위해서 사실은 하고 싶지 않은 일을 맡거나, 사고 싶지 않은 상품을 무리하게 구매하거나 하는 일도 있습니다.

의견이나 행동에 일관성이 없는 사람은 마음이 변하기 쉽고 사귀기 어려운 사람이라고 주위에서 생각합니다. 그 때문에 사회에서 높은 평가를 얻으려면, 자신의 의견이나 행동에 어느 정도 일관성을 가지는 것이 중요합니다. 그러나 그것에 너무 집착하면 불이익으로 이어질 수도 있습니다.

'나는 옛날부터 일관적이야.'라고 믿고 있으면, 자기 의견이 바뀐 것을 깨닫지 못할 수도 있습니다.

☞ 인지편향 여담

문간에 발 들여 놓기 기법

일관성 편향을 이용한 비즈니스 방법으로 '문간에 발 들여 놓기 수법'이 있습니다[3].

방문 판매가 자주 벌어졌던 시절에는 영업 사원이 문 안쪽에 발을 밀어 넣고 "이야기만이라도 들어주세요!"라고 부탁하는 방법이 있었습니다. 대부분 사람은 '이야기만이라면' 하고 응하지만, 결국 '이야기를 들었으니까'라면서 상품을 실제로 구매했습니다. 이는 자기 행동에 일관성을 갖고 싶은 마음을 이용한 방법이라고 알려져 있습니다.

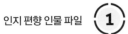

'행동심리학'의 창시자

대니얼 카너먼

Daniel Kahneman	1934 ~

이스라엘에서 태어난 인지심리학자, 행동경제학자(국적은 이스라엘과 미국). 불확실한 상황에서 인간이 내리는 의사결정에 관하여 '프로스펙트 이론' 이라고 하는 의사결정 모델을 발표했습니다. 심리학 연구를 경제학에 통합한 공적으로 2002년에 노벨 경제학상을 수상했습니다.

📖 **주요 저서**

• 《생각에 관한 생각(Thinking, Fast and Slow)》
  (김영사, 2018)

🔗 **관련된 인지 편향**

가용성 휴리스틱 (54p)
앵커링 (56p), 확실성 효과 (114p) 등

제 2 장

아마, 그럴 거야

추정에 관련된 편향

ESTIMATION

예상하거나 수를 어림잡거나 할 때도 인지 편향이 숨어 있습니다.
계획 오류나 낙관 편향, 스포트라이트 효과 등 우리가 일상생활에서 무언가를 추정할 때
빠지기 쉬운 인지 편향을 소개합니다.

추정
ESTIMATION

대표성 휴리스틱

생각해 봅시다

다음 설명을 읽고 현재의 아키코 씨는 A와 B 중
어느 쪽의 가능성이 높은지 추측해 봅시다.

아키코 씨는 31세, 독신이며, 적극적으로 발언을 하는 몹시 총명한
사람입니다. 대학에서는 철학을 전공했고 학창 시절에는 차별이나
사회주의 문제에 관심이 있었습니다. 또 반핵 시위에 참여하고 있습
니다. 현재의 아키코 씨는 A와 B 중 어느 쪽 가능성이 높을까요?

A 은행원

B 은행원이며 페미니즘
운동도 하고 있다

심리학자 에이머스 트버스키(Amos Tversky)와 대니얼 카너먼(Daniel Kahneman)이
작성한 '린다 문제[1]'를 수정함.

▷ 잘 생각해 보면 잘못됐다

왼쪽 페이지와 같은 문제를 내면 B를 선택하는 사람이 많다는 것을 알 수 있습니다. 그러나 오른쪽 그림처럼 수학의 '집합' 관계에 적용해 생각하면, '은행원이고 페미니즘 운동도 하는 사람'은 '은행원'의 일부이기 때문에 대답이 B일 가능성은 A일 가능성보다 무조건 낮아집니다.

이론적으로는 있을 수 없는 대답을 옳다고 생각하는 것은 직관적인 방법으로 문제를 해결하고 있다는 것을 나타냅니다. 앞 페이지의 설명으로 아키코 씨의 현재 상황을 추측했을 때, 단순히 은행원이 아니라, 페미니즘 운동도 하고 있다는 쪽이 그럴싸하게 생각되기 때문에 B의 가능성을 높게 책정한 것이겠지요.

▷ 바로 나온 결론은 정답이 아닌 경우도 있다

어느 사례가 특정 카테고리의 대표적 특징을 얼마나 갖추고 있는지를 바탕으로, 그 사례가 일어나기 쉬운지 판단하는 방법을 '대표성 휴리스틱'이라고 합니다.

휴리스틱이란, 경험을 통해 터득한 법칙 등에 근거하는 직관적 사고법을 말합니다. 논리적 사고에 비해 정밀도는 높지 않지만, 더욱 짧은 시간에 답을 이끌어낼 수 있어서 사고의 부담이 적은 것이 특징입니다. 따라서 우리들은 일상에서 다양한 휴리스틱을 이용하고 있습니다.

그럴듯한 것이나 스테레오 타입(146p)과 유사한 사례를 만나면 '있지, 있어'라고 느끼지만, **그러한 직관적 판단은 옳다고 단정할 수 없어서 주의가 필요합니다.**

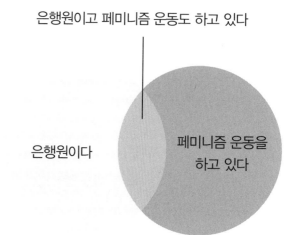

차분히 생각하면 당연히 은행원일 가능성이 더 높다는 것을 알 수 있습니다.

🔍 **인지편향 여담**

휴리스틱의 어원

고대 그리스의 과학자 아르키메데스가 "유레카(찾았다)!"라고 외친 것이 유명한데, 휴리스틱의 어원은 이 '유레카'라고 알려져 있습니다. 순서대로 확실하게 정답에 도달하는 '알고리즘'과 대비되며 '경험적 방법'이라고 번역되기도 합니다.

추정
ESTIMATION

가용성 휴리스틱

생각해
?
봅시다

다음 영어 단어 중 더 많은 것은 어느 쪽일까요?

A r이 처음에 오는 단어

B r이 세 번째에 오는 단어

▷ 금방 생각나는 쪽이 수도 많을 것이다?

왼쪽 페이지처럼 '많은 것은 어느 쪽인가'라는 질문을 받았을 때, 여러분은 어떻게 답을 도출하려고 했을까요?

아마 A와 B에 해당하는 구체적인 단어를 떠올렸을 것입니다. 그리고 'rule', 'right', 'rainbow' 등 r이 처음에 오는 잇달아 생각나는데, r이 세 번째에 오는 단어는 좀처럼 생각나지 않아서 그 경험을 바탕으로 'r이 머리글자인 단어 쪽이 많은 게 아닌가?'라고 추측한 것은 아닐까요?

사실, **실제로 많은 것은 'r이 세 번째에 오는 단어'**입니다. 그러나 심리학자 에이머스 트버스키와 대니얼 카너먼이 행한 실험에서는 참가자의 3분의 2가 'r이 처음에 오는 단어가 더 많다'고 대답했습니다[1].

▷ 빈도나 확률을 잘못 판단하는 일도 있다

이처럼 우리는 **구체적인 예시를 쉽게 떠올리는 것을 단서로, 일의 빈도나 확률을 판단**하는 경우가 있습니다. 이를 '가용성 휴리스틱'이라고 합니다.

떠올리기 쉬운 사례라는 것은, 대부분은 스스로 보고 들은 것입니다. 따라서 쉽게 생각이 나는 것일수록 수가 많다는, 경험을 통해 터득한 법칙이 반드시 틀린 것은 아닙니다. 그러나 이 사례처럼 떠올리기 쉬운 것과 수의 많음이 일치하지 않을 때는 가용성 휴리스틱에 의해 잘못된 판단을 하는 경우가 있습니다.

일본의 교통사고 사망자 수는 심장 질환으로 인한 사망자의 2% 미만입니다. 그래도 언론에서 자주 보도되는 교통사고 쪽이 사망자 수가 많다고 느껴집니다.

클로즈업! **인지 편향 실험**

'떠올리기 쉽다는 것'이 단서가 된다

어느 실험에서는 참가자에게 '과거에 자신이 강하게 자기주장을 한 경험'을 예시 6개, 혹은 12개 생각해 내도록 지시했습니다. 그러자 6개를 떠올리도록 한 참가자보다 12개를 떠올리도록 한 참가자 쪽이 '자신은 자기주장이 강하지 않다'라고 평가하는 경향을 보였습니다[2].

'예시 떠올리기가 이렇게 힘든 것은 내가 자기주장이 강하지 않기 때문이다'라는 추측이 작용했기 때문에 12개나 되는 구체적인 예시를 떠올리는 것이 힘들게 느껴진 것입니다. 이처럼 구체적인 예시를 많이 생각해 내는 것보다도 그것을 얼마나 간단히 떠올리는가가 판단을 좌우합니다.

사전에 접한 정보에 얽매이다

앵커링

생각해
?
봅시다

유엔 회원국으로 가입된 아프리카 국가의 비율은 65%보다 높은가요, 낮은가요?
구체적으로 몇 % 정도라고 생각합니까?

(   )%

답을 생각해 두고 오른쪽 페이지로 넘어갑시다.

▷ 선행 정보가 추측 범위를 제한한다

왼쪽 페이지의 예제에서 당신은 몇 %라고 대답했나요?

이와 비슷한 실험에서 참가자가 한 대답의 중앙값은 45%였습니다. 그러나 질문의 '65%'를 '10%'로 바꾸면 참가자가 한 대답의 중앙값은 25%가 되었습니다[1].

유엔 회원국에 관해 아주 자세히 알지 못하는 한, 이 문제에 관해서는 추측해 대답할 수밖에 없습니다. 이처럼 판단에 사용할 수 있는 소지한 정보가 없을 때, **먼저 제시된 정보가 마치 앵커(배의 닻)와 같은 작용을 해서 이후의 추측 범위를 한정**합니다. 이 현상을 '앵커링'이라고 합니다.

앞에서 이야기한 실험의 경우, '65%'나 '10%'라는 수치가 앵커가 되었기 때문에 그 수치에서 크게 벗어난 수치로 대답하지 못한 것입니다.

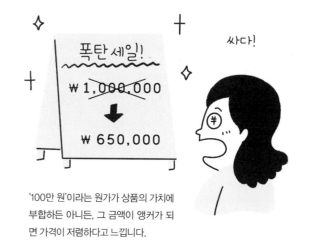

'100만 원'이라는 원가가 상품의 가치에 부합하든 아니든, 그 금액이 앵커가 되면 가격이 저렴하다고 느낍니다.

▷ 할인을 '이득'이라고 느끼는 마법

물건을 팔 때는 처음에 비싼 가격을 제시하고 조금씩 가격을 내리는 수법이 자주 사용됩니다. 100만 원이 65만 원이 된다면 바로 사고 싶어지지만, 70만 원이 65만 원이 되어도 그렇게 이득이라고는 느껴지지 않겠지요.

앞에서 이야기한 실험에서 참가자는 질문 속에 제시된 수치(%)가 무의미하다는 것을 알고 있었습니다. '65'나 '10'을 룰렛에서 우연히 멈춘 숫자로 보여주었기 때문입니다. 즉 소비자는 **엉터리로 붙어있는 원래 가격이라 해도 거기서 크게 할인이 되어 있으면 이득으로 느낄** 가능성이 있습니다.

클로즈업! 인지편향 실험

자신이 만들어 낸 앵커에 얽매인다

다른 실험에서는 아래의 계산에 관해 각각 5초 이내에 대답하도록 했습니다.

A. $1 \times 2 \times 3 \times 4 \times 5 \times 6 \times 7 \times 8 = ?$

B. $8 \times 7 \times 6 \times 5 \times 4 \times 3 \times 2 \times 1 = ?$

그러자 A 답의 중앙값은 512, B 답의 중앙값은 2,250이 되었습니다[1]. 곱하는 순서가 달라도 답은 같은 40,320입니다. 참가자는 한정된 시간 내에 문제를 풀기 위해서 처음 몇 단계의 계산을 단서로 최종 답을 추측했습니다. 그 결과, 스스로 계산한 값이 앵커가 되었다고 할 수 있습니다.

※ 왼쪽 페이지의 문제의 답은 약 28% (2022년 시섬)

추정
ESTIMATION

계획 오류

생각해 ? 봅시다

기획서의 마감이 2주 앞으로 다가왔습니다.
당신은 언제 제출할 수 있다고 생각합니까?

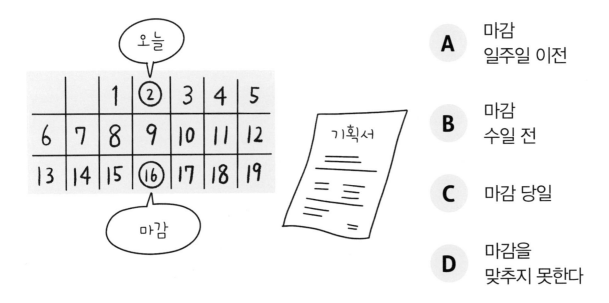

A 마감
일주일 이전

B 마감
수일 전

C 마감 당일

D 마감을
맞추지 못한다

▷ 계획 예측은 매번 실패한다

일이든 공부든, 시작하기 전에 계획을 세운다 해도 가끔은 계획대로 되지 않습니다. 마감 직전이 되어 항상 서둘러 제출하는 사람도 많을 것입니다.

어느 연구에서는 학생들에게 논문을 제출할 때까지 필요한 일수를 가능한 한 정확히 예측하게 했습니다. 학생들이 예측한 평균 일수는 33.9일이었지만, 실제로는 제출까지 55.5일이 걸렸습니다. 또 예측한 기일까지 제출한 학생은 3분의 1 이하였습니다[1].

계획대로 진행되지 않아 실패하는 경험을 반복하더라도 **새로운 계획을 세울 때는 '예상대로 진행되겠지'라고 생각하는 일**을 '계획 오류'라고 합니다.

▷ 예산의 견적에도 영향을 미친다

계획 오류는 예산을 짤 때도 일어납니다. 처음에는 '이 정도면 될 거야'라고 어림잡았던 비용이 점점 부풀어서 최종적으로 예산 오버가 되는 경우는 비즈니스 현장에서도 드문 일은 아닙니다.

일은 대부분 계획대로 되지 않습니다. 예측하지 못한 문제가 발생하거나 다른 일이 난데없이 벌어지거나 해서 계획이 어긋나는 경우가 많을 것입니다.

다만, 과거 계획 오류를 경험했던 일을 떠올리고 또 같은 실패를 할 지도 모른다고 가정해 구체적으로 계획했을 때는 오류가 발생하지 않았다는 사례가 보고되었습니다.

몇 번이나 계획 오류가 발생하고 있는거야?

클로즈업! 인지 편향 실험

시간에 엄격한 사람일수록 계획 오류가 많다?!

일본에서 행한 실험에서는 시간이나 기한에 엄격한 사람이 계획 오류가 큰 경향을 보였습니다[2]. 단, 실제 제출일은 시간 엄수성의 높고 낮음과 관계없이 마감일의 조금 전이었습니다. 즉, 시간 엄수성이 높은 사람들은 빨리 과제 등을 끝낼 예정을 세웠기 때문에 예정과 실제 종료 간의 차이가 컸습니다. 반면, 시간 엄수성이 낮은 사람들은 끝낼 예정을 처음부터 늦은 날로 정해두었기 때문에 그렇게 큰 계획 오류가 발생하지 않은 것입니다.

'다음엔 꼭 맞을 거야'라는 확신

도박사의 오류

이번에는 분명히 앞이 나올 거야!

동전 던지기에서 뒤가 5회 연속으로 나왔다면, 다음은 앞이 나올 거라 생각합니까? 뒤가 나올 거라고 생각합니까?

▷ 확률은 언제나 50%일 텐데…

아무런 세공도 하지 않은 동전으로 몇 번인가 반복해 동전 던지기를 할 경우, 던진 결과는 매번 리셋됩니다. 그 때문에 다음 동전 던지기에서는 앞이 나올 확률도, 뒤가 나올 확률도 2분의 1(50%)입니다. 그러나 **뒤가 연속으로 나오면 사람은 '다음에야말로 앞이 나올 거야'라고 생각하고 마는** 것 같습니다.

룰렛의 경우도 마찬가지로, 5회 연속으로 같은 색 칸에 구슬이 들어갔다면, '다음에야말로 분명 다른 색 칸에 들어갈 확률이 높을 거야'라고 다른 색 칸에 걸어버리기 쉽습니다.

▷ 같은 결과가 반복될 리 없다고 생각한다

어떤 확률을 예측할 때, **사람은 과거에 일어난 사건의 확률에 영향을 받는** 경우가 있습니다.

앞서 이야기한 예시처럼 같은 결과가 계속되면 '다음에는 다른 결과가 나올 것'이라는 확률이 앞 결과보다 높다고 생각하기 쉽습니다. 이러한 예측의 오류는 '도박사의 오류' 혹은 '우연성의 오해'라고 불립니다. 확률이 한쪽으로 치우쳐 있다고 느낀다면, 분명 그 후에는 치우침을 수렴하여 확률 데이터가 균일해질 것이라고 믿는 것입니다[1].

계속 검은색 칸에 구슬이 들어가면, 다음은 빨간색 칸에 들어갈 것이라 생각하기 쉽습니다.

🔗 관련된 인지 편향

기준율 무시

파란 택시가 15%, 녹색 택시가 85% 달리고 있는 마을에서 택시에 의한 뺑소니 사건이 일어났다고 합시다. 목격자는 '파란 택시가 범인이다'라고 증언했지만, 목격자가 올바르게 색을 판별할 수 있는 확률은 80%라는 것을 알게 되었습니다.

이 이야기를 들은 사람에게 파란 택시가 범인일 확률을 물으면, 대부분 80%라고 대답합니다. 그러나 '파란 택시를 올바르게 파랑이라고 증언할 확률(X)'은 15% × 80%＝12%, '녹색 택시를 실수로 파랑이라고 증언할 확률(Y)'은 85% × (100−80)%＝17%입니다. 즉, 범인이 파란 택시일 확률은 X와 Y의 합계에 대한 X의 비율 12÷(12+17)＝41%입니다. 파랑과 초록 택시의 원래 비율 등 기준이 되는 확률을 고려하지 않아서 예측을 잘못하는 인지 편향을 '기준율 무시'라고 합니다[2].

엥? 생각했던 것만큼 즐겁지 않네

충격 편향

생각해
?
봅시다

한 달 전에 인사 평가 결과가 나왔다고 상상해 봅시다.
당신이 1년 후에 '행복하다'라고 느끼는 것은 어느 쪽이라고 생각하나요?

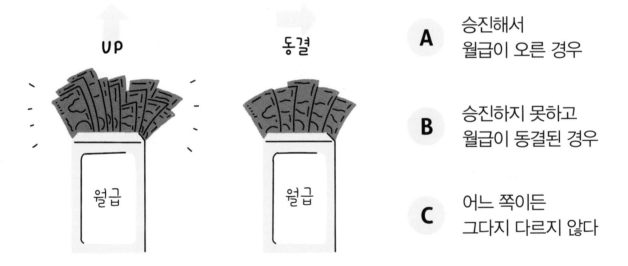

A 승진해서
월급이 오른 경우

B 승진하지 못하고
월급이 동결된 경우

C 어느 쪽이든
그다지 다르지 않다

▷ 감정의 예측은 맞지 않는다?!

'복권이 당첨된다면, 엄청 기쁘겠지.'라고 상상한 적은 누구나 한 번쯤 있을 것입니다. 반대로 '이 프로젝트가 실패하면 다시 일어설 수 없어.' 등의 불안감에 시달린 경험도 있겠지요. 그러나 만약 상상 그대로의 상황이 되었다고 해도 **의외로 예상했던 만큼의 행복이나 좌절감은 계속되지 않습니다.**

심리학자 필립 브릭먼 팀의 조사에 따르면, 복권 당첨자 22인과 마비가 남은 사고 피해자 29명의 행복도를 조사한 결과, 사건의 몇 개월 후에는 원래 수준으로 돌아가고 양쪽의 행복도도 모두 비슷한 정도가 된다는 것을 알 수 있었습니다[1].

사람은 어떤 사건이 발생했을 때 **당시의 감정의 강도나 지속 시간을 과대하게 어림잡는** 경향이 있는데 이를 '충격 편향'이라고 합니다.

▷ 행복도 좌절감도 시간과 함께 옅어진다

설령 꿈이 이루어져도 생각했던 만큼의 성취감은 느끼지 못하고, 그 후 오래 느낄 것이라 생각한 행복감은 시간이 지나면서 이전과 비슷한 정도로 돌아갑니다.

반면, 부정적인 사건이 있어도 계속 한탄하고 슬퍼하며 살 것이라 생각했던 절망감은 **시간의 경과와 함께 '이런 거구나'라고 받아들일 수 있게 됩니다.** 이 배경에는 '심리적 면역 시스템'(오른쪽의 '인지 편향 실험' 참조)이 있기 때문입니다.

동경하던 독립생활도 실제로 시작해 보면 '이런 거구나'라고 느낄지도 모릅니다.

클로즈업! **인지 편향 실험**

마음을 긍정적으로 만드는 '심리적 면역 시스템'

심리학자 대니얼 길버트는 인간은 아무리 괴로운 상황에서도 사물을 더욱 긍정적으로 포착하려는 '심리적 면역 시스템'을 가지고 있다고 이야기했습니다[2].

그런데 사람은 이런 심리적 면역 시스템의 작용을 눈치채지 못하기 때문에 부정적인 사건에 대해서는 그 감정이 그대로 오래 지속될 것이라 예측하는 경향이 있습니다.

스스로 고른 쪽이 정답이네

통제의 환상

복권은 다른 사람에게 사주는 것보다
스스로 사는 쪽이 당첨될 확률이 높다?

남이 사든 자기가 사든 당첨될 확률은 바뀌지 않는데 왠지 스스로 사는 쪽이 당첨될 거라고 생각하게 됩니다.

▷ 내가 선택하면 당첨 확률이 오른다?!

상점가의 경품 추첨에서 구슬이 든 추첨기를 "스태프가 돌릴지, 자신이 돌릴지를 선택할 수 있습니다."라고 하면, 분명 대부분의 사람이 "제가 돌릴게요."라고 말할 것입니다.

실제로는 당첨 여부는 우연에 의해 결정되기 때문에 스태프가 돌리나 자신이 돌리나 당첨 확률은 달라지지 않습니다. 그런데도 **자신이 추첨기를 돌리는(선택하는) 기회를 얻으면 '당첨 확률이 올라간다'라고 생각하는 경향이 있다**고 알려져 있습니다. 이와 같은 경향을 '통제의 환상'이라고 합니다.

▷ 날씨나 경기 결과도 내 탓?

이 인지 편향은 추첨 외의 상황에서도 볼 수 있습니다. 예를 들어 날씨를 조절할 수는 없는데 **테루테루보즈*를 만들어 맑은 날씨를 기원하는 모습을 애니메이션에서 보거나, 외출하고 싶지 않아서 비가 내리기를 바라거나** 한 적 있지 않습니까?

또, 자신이 응원하고 있는 팀은 내가 시합을 보러 가면 꼭 이기니까 보러 간다던가, 꼭 지니까 보러 가지 않는다거나 하는 생각도 통제의 환상이라고 할 수 있습니다.

> 내가 응원하러 가면 지니까 안 갈래!

과거의 일도 미래의 일도 좋은 결과도 나쁜 결과도 '내 탓'이라고 믿기 쉽습니다.

🔗 관련된 인지 편향

'길흉 점치기'는 통제의 환상의 일종

비둘기가 우연히 고개를 흔드는 등의 행동을 취한 뒤에 먹이를 주면, 비둘기는 '다음에도 같은 행동을 하면 보상을 받는다'라고 착각합니다. 비록 행동한 뒤에 먹이가 생기지 않더라도 먹이를 줄 때까지 몇 번이나 같은 행동을 계속합니다[1]. 이를 '비둘기의 미신 행동'이라고 합니다.
한번 행동과 결과가 밀접한 관계가 되면 이 행동을 반복하는 현상은 사람에게서도 볼 수 있으며, 미신이나 길흉 점치기가 좋은 예시입니다. 비록 바로 결과가 나오지 않더라도 '그때 이렇게 했으니까 이렇게 되었다'라고 실제로는 없는 인과관계를 찾아내는 것입니다.

* 테루테루보즈: 날이 맑기를 기원하며 처마 밑에 매달아 두는 일본 전통 인형

자신 있어도 믿을 수 없다

정당성 착각

면접에서 내가 직접 보았으니 틀림없어.

전원의 평가가 일치해서 채용했는데, 막상 입사하면
꼭 일을 못 하는 사원이 있는 것은 왜일까…….

멍~

어라…?

이럴 리가 없는데….

▷ 자신의 예측과 실제는 다르다

면접관이 만장일치로 '기대할 수 있다'라고 보증한 신입사원이 기대를 벗어났다…. 이와 같은 예는 드물지 않을 것입니다. '내 예상이 맞을 거야'라는 자신이 있어도 실제로 들어맞는다고는 할 수 없습니다.

면접 시 한정된 정보만으로 적성이나 장래성을 예측하는 것은 어려운 일입니다. 그러나 복수의 의견이 일치하면 '이 면접의 절차(혹은 자기 생각)는 타당하며 입사 후의 일도 정확하게 예상할 수 있다'라고 생각하게 됩니다. 이처럼 실제로는 그다지 기대할 수 없는 자신의 예측에 대해서 과한 자신을 가지는 것을 '정당성 착각'이라고 합니다.

▷ 자신의 예측에 과도한 자신을 갖게 된다

어떤 '남을 돕는 실험'에서는 '발작을 일으킨 사람이 있을 때, 그 장소에 있던 15명 중 4명 밖에 도우러 가지 않았다'라는 이야기를 참가자에 들려준 후, 선량해 보이는 두 사람이 담긴 비디오를 보여주었습니다. 그리고 참가자에게 '이 두 사람은 실은 아까 이야기한 15명에 포함되어 있었습니다. 이 두 사람이 남을 도우러 갔을 확률은 얼마나 될까요?'라고 물었습니다. 원래는 사실(15분의 4)에 근거해 예측해야 하는데, 참가자는 '이런 선량해 보이는 사람들이라면 틀림없이 구하러 갔을 것이다'라고 대답하며 자신의 예측을 바꾸지 않았습니다.

사람을 도운 비율이 27%라고 알고 있어도 오히려 '내 추측이 옳다'라고 믿는 일이 실제로 증명되었습니다[1].

추정
ESTIMATION

마음속을 꿰뚫어 보고 있다?

투명성 착각

몹시 긴장하고 있었는데 들키지 않았다?

▷ 생각하고 있는 것을 들킨 것 같다

자기 생각이나 기분은 남에게 간파당하고 있다고 생각하기 쉽지만, 그것은 착각입니다. **내가 생각하는 만큼 상대방은 이쪽의 마음을 알지 못한다**는 것이 실험을 통해 밝혀졌습니다. 이를 '투명성 착각'이라고 합니다.

예를 들어 남에게 거짓말을 할 때, 원래대로라면 나밖에 모르는 긴장감이나 꺼림직한 마음도 상대방에게 전해지고 있다고 느끼기 때문에 실제 이상으로 '들통났다'라는 생각이 드는 것입니다.

▷ 본심은 의외로 간파당하지 않는다

투명성 착각에 관해서 조사한 실험에서는, 참가자가 얼핏 보기에 같아 보이는 다섯 가지 음료를 순서대로 마시는 것을 비디오로 촬영했습니다. 실은 그중 하나는 몹시 맛없는 음료였지만, 그것이 몇 번째 음료인지 들키지 않도록 참가자에게 모든 음료가 맛있는 것처럼 연기하도록 했습니다. 촬영 후 이 비디오를 다른 사람에게 보여주었을 때, 10명 중 몇 명에게 맛없는 음료수를 들킬지를 참가자에게 예상하게 했습니다. 평균을 내보니 참가자의 예상은 3.6명이었지만 실제로 들킨 것은 2.0명이었고, 어림짐작해 정답을 맞히는 비율과 다르지 않았습니다[1].

이러한 투명성의 착각은 본인이 숨길 생각이 없고 오히려 알아주었으면 하는 내용에서도 똑같이 발생합니다.

> 오늘 업무는 절반 이상 끝냈습니다!

> 그래?

> 들켰나?!

🔗 **관련된 인지편향**

비대칭적 통찰의 착각

'투명성 착각' 실험으로부터 자신 외의 타인의 내면에 대해 아는 것은 매우 어려운 일이라는 것을 알 수 있습니다. 그런데도 우리는 '자신은 다른 사람을 잘 이해하고 있다'라고 생각하며 다른 사람에 대한 통찰력을 과대평가하기 쉽습니다. 그러나 한편으로는 '다른 사람은 나를 잘 이해하지 못한다'라고 생각합니다. 이러한 서로의 통찰력에 대한 다른 인식을 '비대칭적 통찰의 착각'이라고 부릅니다[2].

추정
ESTIMATION

다른 그룹의 사람들은 다 똑같아 보인다

외집단 동질성 효과

'요즘 젊은이들은…', '저 나이대 사람들은…'

▷ 라이벌팀 서포터는 개성이 없다?

예를 들어 자신이 어느 축구팀의 서포터였을 경우, 서포터 동료는 한 명 한 명 모두 개성적으로 보이지만, 라이벌팀의 서포터는 개성도 없고 재미도 부족하다고 생각하는 경향이 있습니다. 그러나 축구에 흥미가 없는 사람에게는 팀과 관계없이 서포터는 모두 같은 특징을 가진 사람들로 보입니다.

사람은 자신이 소속된 집단(내집단)의 멤버에게는 다양성이 있다고 느끼는 한편, 자신이 소속되어 있지 않은 집단(외집단)의 멤버는 동질성이 높아서 '다 똑같다'라고 느끼는 경향이 있습니다[1]. 이를 '외집단 동질성 효과'라고 합니다.

▷ 집단 간의 '차이'는 강조된다

어느 실험에서는 같은 간격으로 길이가 다른 8개의 선분을 랜덤한 순서로 보여주고 각각의 길이를 참가자에게 예상하게 했습니다. 그때, 짧은 쪽의 선분 4개에는 'A', 긴 쪽의 선분 4개에는 'B'라는 라벨을 붙였습니다. 그러자 참가자의 머릿속에서 그룹 나누기가 일어나 같은 그룹 안에서는 길이의 차이가 과소평가 되는 한편, A그룹에서 가장 긴 선분은 실제보다도 짧고 B그룹에서 가장 짧은 선분은 실제보다도 길게 측정되었습니다. 즉, **두 그룹의 차이가 강조된 것입니다**[2]. 이와 같은 일은 타 집단끼리도 일어나는 듯합니다.

여자들은 모두 감정적이니까~

이성에 관해서는 한 사람 한 사람 간의 차이를 깨닫기 어려운 경향이 있습니다.

🔗 관련된 인지 편향

타인종 효과

외국 영화를 보다가 등장인물의 얼굴을 구별하지 못해서 곤란했던 적은 없나요?
자신과 같은 나라, 같은 인종의 얼굴은 구별하기 쉽고 기억하기 쉬운 데 비해, 다른 나라, 다른 인종의 얼굴은 비슷해 보여서 구별이 잘되지 않는다는 것을 알 수 있습니다. 이 '타인종 효과'도 외집단 동질성 효과의 한 종류입니다.

'나만은 괜찮다'는 과신

낙관 편향

설마 내게 안 좋은 일이 일어나지 않겠지

건강 검진이라…,
좀 더 나중에 해도 되겠지?
어차피 아무 일도 없을 거야

35세가 된 분에게
건강 검진
안내

건강 검진의 적정 연령은 일반적으로는 40세 이상(회사에 따라서는 35세 이상)입니다.
그러나 '나는 아직 괜찮겠지'라고 미루는 사람도 많겠지요.

▷ 위험도 불행도 나와는 인연이 없는 것

동년배의 지인이 큰 사고를 당했다는 이야기를 들으면 '힘들겠다'라고 생각하는 사람은 많겠지만, '나도 큰 사고를 당할지도 몰라'라고 생각하는 사람은 적을 것입니다.

사람은 자신에게 불행한 사건(범죄, 질병, 재해)이 일어날 확률을 과소평가하고, 운 좋은 사건이 일어날 확률은 과대평가합니다. 즉, 사람들은 불행한 이야기를 들어도 '주변에서는 일어날지도 모르지만, 나는 괜찮아'라고 인식하는 경향이 있습니다. 이처럼 사물을 낙관적으로 해석하는 것을 '낙관 편향'이라고 합니다.

▷ 새로운 일을 시작할 때는 낙관성이 필요하다

낙관 편향은 독립이나 창업, 개발 등 새로운 일을 시작할 때는 필요하다고 알려져 있습니다. 그럴 때 리스크를 세세하게 떠올리고 있으면 계속 앞으로 나아갈 수 없습니다. 막상 결단을 내릴 때는 '어떻게든 되겠지'라고 생각하는 이 편향을 잘 활용하는 것이 중요합니다.

낙관 편향은 성별이나 국적을 불문하고 인간에게 본질적으로 갖추어져 있으며, 많은 사람에게 나타난다고 합니다. 과도한 낙관은 질환을 놓치는 등의 위험성이 있어서 주의가 필요하지만, 한편으로는 긍정적인 결과를 기대함으로써 스트레스나 불안이 경감되거나 건강한 생활이나 행동이 촉진되거나 합니다. 실제로 낙관 편향의 결여는 우울증 등 심신의 질환과도 관련 있다는 점이 지적되고 있습니다[12].

나는 괜찮아~

낙관 편향에는 좋은 면도 나쁜 면도 있습니다.

🔗 관련된 인지 편향

긍정적 환상(포지티브 일루전)

'낙관 편향'은 심리학자 셀리 테일러가 제창한 '긍정적 환상(포지티브 일루전)'의 하나입니다. 일루전이란 '환상'을 말합니다. 셀리 테일러는 이 편향이 있기에 인간이 사회에 적응할 수 있으며, 심신의 건강 유지나 촉진에도 크게 공헌하고 있다고 주장했습니다. 그 밖에도 긍정적 환상에는 자신은 평균보다 뛰어나다고 생각하는 '평균 이상 효과'(152p)나 외부를 제어할 수 있는 '통제의 환상'(64p) 등이 있습니다.

 추정
ESTIMATION

지식의 저주

그런 것도 몰라?

평소 직장에서 사용하는 말이라 해서 친구들에게도 통한다고는 할 수 없습니다.

▷ 한번 외운 단어는 '공통어'가 된다?

디벨롭, 케파, 스프린트, 레포…. 당신은 이 말의 의미를 모두 알고 있나요?

자신이 일하는 업계에서 당연하게 사용하는 말이라 해도, 다른 업계나 사적인 장소에서는 통하지 않는 말, 소위 말하는 '업계 용어'가 있습니다.

당신이 신입사원일 때는 의미를 몰랐지만, 이제는 신경 쓰지 않고 사용하는 말이 있지 않나요? 그 말의 의미를 모르는 사람이 있다는 것조차 상상할 수 없을지도 모릅니다.

이처럼 **자신이 알고 있는 것은 다른 사람도 알고 있을 거라 생각하는 것**을 '지식의 저주'라고 합니다.

▷ 당신의 '당연함'은 편향되어 있다

어느 실험에서는 참가자 중 한쪽 그룹에게, 머릿속에 유명한 노래를 떠올리면서 그 곡의 멜로디에 맞춰 책상을 손가락으로 두드리도록 했습니다. 그리고 다른 한쪽 그룹에는 그것을 듣고 곡명을 맞추게 했습니다.

그러자 책상을 두드린 참가자는 '듣는 사람의 절반은 곡명을 맞추겠지'라고 자신 있게 추측했습니다. 그러나 실제로 맞춘 것은 150곡 중 단 2곡이었습니다[1].

이 결과를 통해서 **사람은 상황이나 사물을 자신의 시점에서 받아들이며, 상대방의 시점을 이해하지 못한다**는 것을 알 수 있습니다.

이런 것도 몰라?

'자신의 상식은 모두의 상식'이라고 생각하면, 남을 상처입히는 발언을 하게 될지도 모릅니다.

하아…

🔗 관련된 인지편향

기능적 고착

예를 들어 '출장지에서 바지 밑단이 풀렸는데 바느질 도구가 없다'라고 할 때, '그래! 양면테이프로 붙이자'라는 발상을 떠올리지 못하는 경우가 있습니다. 양면테이프는 '붙이는 것'이지 '꿰매는 것'이 아니라는 것처럼, 지식에 속박되어 다른 사용법을 떠올리지 못하는 것을 '기능적 고착'이라고 합니다[2].

지식이나 경험이 해결의 열쇠가 되는 경우는 많지만, 그것이 고정관념이라는 속박이 되어 유연한 발상이나 '번뜩이는 아이디어'의 방해가 되기도 합니다.

추정
ESTIMATION

더닝 크루거 효과

그 자신감은 대체 어디서……?

저는 잘하니까요!

자신감
MAX!

자신감

그거 아닌데….

실력이 동반되지 않는데 자신만만한 사람, 주변에 있지 않나요?

▷ 현실과 자기평가의 차이가 크다

당신은 자신의 실력을 정확하게 평가하고 있습니까?

'평균 이상 효과'(152p)에서 설명하고 있듯이, 사람은 일반적으로 자신의 실력을 과대평가하기 쉽습니다. 그러나 이러한 경향은 **특히 실력 부족인 사람에게 현저하게 나타나며, 실제 성적과 자기평가 사이의 갭이 큰 경우**에 많이 나타납니다. 이 현상은 연구자의 이름을 따서 '더닝 크루거 효과'라고 합니다.

또한 더닝 크루거 효과가 생기는 원인 중 하나로 '메타 인지'(오른쪽 아래의 '키워드 척척 해설' 참고) 능력이 부족하다는 것을 들 수 있으나, 이 효과가 생기는 이유에 관해서는 현재에도 논의가 계속되고 있습니다[1].

▷ 나는 분명 인기 있을 거야

심리학자 저스틴 크루거와 데이비드 더닝은 다음과 같은 실험을 실시했습니다. 먼저 대학생 참가자에게 30개의 농담을 제시하고 각각의 재미에 관하여 평가하도록 했습니다. 그리고 이 참가자에 따른 평가 결과를 프로 코미디언의 평가 결과와 비교하여 참가자의 유머 센스를 객관적으로 채점했습니다. 그리고 나서 참가자에게 자신의 유머 센스는 같은 대학의 평균적인 학생과 비교해서 어느 정도의 위치에 있다고 생각하는지를 0(최저점)부터 99(최고점)의 범위에서 자기평가를 하도록 요구했습니다.

그 결과, **유머 센스가 전체의 25% 이하라고 채점된 참가자는 다른 참가자와 비교해서 자신의 센스를 확연히 과대평가하고 있었습니다**[1]. 이와 같은 결과는 논리적 추론 문제나 문법 문제 등을 이용한 실험에서도 확인되었습니다.

왜 잘 안되는 거지?

······.

메타 인지 능력이 향상되면 자기평가의 전확도도 올라갈지 모릅니다.

🔑 키워드 척척 해설

메타 인지

'메타 인지'란 고차원의 인지라는 의미로, 자신의 인지 과정에 대한 인지를 나타내는 용어입니다. '이대로라면 시간이 부족하겠어.', '나는 상대의 이야기를 잘 이해하지 못하는구나.' 등 진행 중인 자신의 사고나 행동을 적절하게 모니터링하여 조절하기 위해서는 이러한 메타 인지 능력이 필요합니다.

항상 나만 노력하고 있다는 생각

공헌도의 과대시

귀찮은 일은 항상 내가 하네….

계획을 세우는 것도, 예약하는 것도 '항상 나만 하고 있다'라고 생각하는 경우는 없나요?

▷ 서로 '자신의 공헌도'를 과대평가한다

파트너나 친한 친구와의 평소 관계를 떠올려봅시다. 둘이 해야 하는 작업이 있을 때, 그에 대한 당신의 공헌도는 몇 % 정도일까요?

같은 질문을 파트너(혹은 친구)에게도 답하게 하면 재미있는 결과가 나옵니다.

어느 실험에서는 부부에게 실험에 참여하게 해서 '아침 식사 준비', '아이들 돌보기' 등에 관해 자신의 공헌도를 백분율로 대답하게 했습니다. 부부가 각각 자신의 공헌도를 정확하게 평가하고 있다면 답한 공헌도의 합계치는 100%가 되어야 합니다. 그러나 실제로 많은 합계치가 100%를 넘었습니다. 즉, 적어도 한쪽이 **자신의 공헌도를 높게 측정하고 있었던 것**입니다. 게다가 '말다툼의 시작' 같은 좋지 않은 일에 관해서도 좋은 일에 비해 효과는 약하지만 자신의 책임을 무겁게 생각하고 있었습니다[1].

이 프로젝트에 대한 당신의 공헌도는?

70%!

60% 정도러나

90%지

▷ 자신의 공헌도를 과대시하는 이유

이처럼 **협동작업을 했을 때 자신의 공헌도를 과대평가하는 것**을 '공헌도의 과대시'라고 합니다.

자신과 상대방은 손에 들어오는 정보가 다르기 때문에 상대방의 공헌보다도 자신의 공헌을 쉽게 떠올릴 수 있는 것이 이 과대시의 주된 원인이라고 할 수 있습니다. '나만 공헌하고 있다'라고 느낀다면, 상대방과는 가지고 있는 정보가 다르다는 것을 떠올리면 좋을지도 모릅니다.

클로즈업! **인지편향 실험**

그룹에서는 '공헌도의 과대시'의 경향이 강해진다

그룹의 인원이 늘어날수록 다른 사람의 공헌을 간과하는 일도 늘어납니다. 그러면 자신의 공헌도를 과대시하는 정도도 커지는 듯합니다. 대학생을 대상으로 실험을 시행하여, 소속된 그룹의 활동에 자신은 몇 % 정도 공헌했다고 생각하는지를 묻자, 그룹의 인원수가 늘어남에 따라 한 사람 한 사람의 과대시도 증가하여 결과적으로 자진 신고한 공헌도 퍼센티지의 합계도 커지는 것을 알 수 있었습니다[2].

'그 녀석은 자기중심적'이라고 서로 생각한다

순진한 냉소주의

자신에게 유리하도록 생각하고 있는 게 분명하다

'그 녀석은 분명 자기 덕분에 프로젝트가 성공했다고 생각하고 있을 거야.'라고 서로 생각하고 있을지도 모릅니다.

▷ 모두 자신의 공헌을 너무 과대평가한다?

친구나 직장 동료와 협동 작업을 했을 때 '이 사람은 자신의 공헌도를 과대평가하고 있을 것 같다'라고 생각한 적 없나요?

이처럼 **다른 사람이 자신에게 유리하도록 자신의 공헌도를 추정하는 것이 틀림없다**고 생각하는 것을 '순진한 냉소주의'라고 합니다. '냉소주의'는 사물을 냉소적으로 바라보는 것입니다. 다른 사람은 자신의 공헌도를 과대시하고 있다고 냉소적으로 생각하는 점에서 '순진한 냉소주의'라는 이름이 붙었습니다.

▷ 실제와 예상은 엇갈리고 있다

한 실험에서는 부부의 협동 작업에 대해 자신의 공헌도를 백분율로 대답하게 했습니다. 또한 '동일한 질문을 파트너에게 했을 경우, 어떻게 대답할 것이라 생각하는가?'라는 질문에 대한 파트너의 답변도 동시에 예상하도록 했습니다. 그러자 '공헌도의 과대시'(78p)와 마찬가지로, 자기 행동에 대한 답변에서는 사건의 좋고 나쁨과 관계없이 공헌도의 과대시를 볼 수 있었습니다. 흥미로운 것은 파트너의 답변에 대한 예상 결과입니다. 좋은 사건의 경우, '파트너는 분명 나의 공헌을 과대평가하고 있을 것이다'라고 예상했으며, 실제로도 그러했습니다. 그러나 예상한 과대시의 정도는 파트너가 자신을 과대평가했던 것보다 더 큰 것이었습니다.

한편, 좋지 않은 사건의 경우는, '파트너는 자신의 책임을 과소평가하고 있음이 틀림없다'라고 예상했으나, 파트너가 한 대답은 반대로 자신의 책임을 과대평가하는 것이었습니다[1].

우리는 **협동 작업의 파트너가 자신의 공헌이나 책임에 대해 생각할 때, 실제 이상으로 이기적이고 공정성이 부족하다고 의심**하는 것 같습니다.

공헌도뿐만 아니라 책임의 정도에서도 같은 인지 편향이 일어납니다.

추정
ESTIMATION

'모두가 보고 있다'는 착각

스포트라이트 효과

마치 내게 스포트라이트가
비추고 있는 것 같지?

아주 살짝 이미지를 바꾸고 회사에 갔더니
주변에서 어쩐지 쳐다보는 것 같은 느낌이
든 적 있습니다. 그러나 실은 주변은 그다지
당신에게 주목하고 있지 않습니다.

헤어스타일을 바꿨으니까
주목받고 있을지도 몰라!

클로즈업! 인지편향 실험

스포트라이트 효과가 후회를 불러온다?

사람은 자신이 한 일보다 하지 못한 일을 후회합니다. 그리고 하지 못한 이유로는 '다른 사람의 시선을 두려워하는 마음'을 들 수 있습니다[1]. 그러나 스포트라이트 효과 연구는 다른 사람들이 누군가의 실패에 그렇게 주목하지 않는다는 것을 보여줍니다. 이 사실을 염두에 둔다면 하지 못해서 후회하는 일을 줄일 수 있을지도 모릅니다.

실제는…

▷ '주목받고 있다'의 대부분은 자의식 과잉

평소와 다른 분위기의 옷을 입거나, 평소와 다른 행동을 하거나 하면 '남들이 주목하고 있다'라고 생각한 적 있지 않나요? **자신의 외모 혹은 행동이 타인에게 주목받고 있다고 과도하게 믿는 것을 '스포트라이트 효과'라고 합니다.**

행동하고 있는 본인은 자신에게 스포트라이트가 비치고 있어서 모두에게 주목받고 있다고 느낄지 모르지만, 대부분의 경우 자의식 과잉이라고 할 수 있을 듯합니다.

▷ 사람들은 그다지 남을 신경 쓰지 않는다

스포트라이트 효과에 대해 조사한 실험에서, 어느 참가자는 젊은이들에게 인기 없는 뮤지션의 얼굴이 크게 프린트된 촌스러운 티셔츠를 입으라는 지시를 받았습니다(이 참가자를 이후부터 '티셔츠 착용자'라고 부르겠습니다). 그리고 그 차림새 그대로 다른 방으로 데려갔는데, 거기에는 일반적인 차림을 한 다른 참가자가 여러 명 있었습니다.

그 후 바로 티셔츠 착용자를 방 밖으로 불러서 '그 방에 있는 다른 참가자 중 몇 % 정도가 티셔츠의 무늬를 눈치챘다고 생각하는가?'라고 물었습니다. 이 티셔츠 착용자의 답변을 평균 내면 '방에 있던 사람의 50% 정도가 눈치챘다'라고 예상했으나, 실제로 눈치챈 사람의 수는 그 절반이었습니다[2]. **본인이 생각한 것만큼 주변 사람들은 티셔츠 무늬에 주의를 기울이지 않았던 것 같습니다.**

추정
ESTIMATION

허위 합의 효과

 생각해 ? 봅시다

아래의 항목에 해당하는 사람은,
각각 몇 % 정도라고 생각합니까?

A

낙관적인 사람

(   )%

B

분노 조절이
서툰 사람

(   )%

C

통밀이 들어간 빵을
좋아하는 사람

(   )%

▷ 낙관적인 사람은 '낙관적인 사람이 많다'라고 생각한다

왼쪽 페이지의 A부터 C의 질문에 당신은 각각 몇 % 정도라고 대답했나요? 이러한 질문에 대한 대답은 **당신의 평소 사고방식이나 행동에 따라 좌우된다**는 것이 밝혀졌습니다[1].

예를 들어 A의 질문에서는 자신을 낙관적인 성격이라고 생각하는 사람은, 그렇게 생각하지 않는 사람보다 더 높은 숫자를 예상했습니다. **자신이 낙관적이면 '세상에는 낙관적인 사람이 많다'라고 추측하기 쉽습니다.** B의 질문처럼 자신이 안고 있는 문제에 대해 물었을 때도 같은 일이 일어납니다.

C의 질문의 대답은 자신이 통밀을 좋아하는지 여부에 따라 결정됩니다. 자신이 통밀이 들어간 빵을 좋아하지 않는 경우는 좋아하는 경우에 비해 더 낮은 숫자를 예상할 것입니다.

▷ '모두 자신과 같다'라는 착각

다른 사람도 자신과 똑같이 생각하거나 느끼며 행동할 것이라고 과대하게 어림짐작하는 경향을 '허위 합의 효과(False Consensus)'라고 합니다. 폴스(False)는 '가짜', 컨센서스(Consensus)는 '합의'라는 의미입니다.

우리는 **자신의 의견은 일반적이며, 세상에서 널리 받아들여지고 있다고 생각하기 쉽습니다.** 그러나 이러한 생각을 바탕으로 행동하는 것은 문제의 원인이 됩니다. 평소에 '상대방은 나와 다를지도 모른다'라는 의식을 가지려고 하면 좋습니다.

어? 이 책에 관심 없는 거야?!

불쾌

'다른 사람도 자신과 마찬가지로 흥미가 있을 것'이라고 생각하는 것은 고정관념입니다.

클로즈업! 인지편향 실험

선거를 한다면 분명 이 정당에 투표할 거야

한 실험에서는 참가자에게 자신이 투표할 예정인 정당을 대답하게 한 후, 다음 국정 선거에서의 지지 정당의 예상 득표율과 유권자 전원이 선거에 간다고 가정했을 때의 지지 정당 예상 득표율, 이렇게 두 가지를 답변하게 했습니다. 그 결과, 자신의 지지 정당이 어디인지와 관계없이 유권자 전원이 투표에 간다면 자신이 지지하는 정당의 득표율이 올라갈 것이라고 예상했습니다. 즉, 평소에는 선거를 하러 가지 않는 사람이라 해도 투표할 기회가 있다면 자신과 똑같이 투표할 것이라 생각한다는 것을 알 수 있습니다[2].

추정
ESTIMATION

회귀 오류

1년 차인데 영업 성적이 좋군! 내 지도 덕분이려나?

1년 차

▷ 그냥 평균에 가까워지고 있을 뿐인데

스포츠계에서는 1년 차에 활약한 신인 선수가 다음 해에 활약하지 못하면 '2년 차(소포모어) 징크스'라고 말합니다.

이러한 일은 통계학적으로 설명할 수 있습니다. 스포츠에만 국한되지 않고 매출이나 시험 성적에서도 결과를 계속 측정하면 결과가 일정하지 않고 변동합니다. 우연히 평균보다 큰 폭으로 웃돌기도 하고 큰 폭으로 밑도는 일도 있지만, **결과에 영향을 미치는 우연한 요소가 사라지면 자연스럽게 평균값에 가까워집니다.** 이 현상을 '평균 회귀'라고 합니다[1].

▷ 제멋대로인 이유를 적용하기 쉽다

평균 회귀로 설명할 수 있는 것인데도, 성적이 좋지 않으면 '뭔가 문제를 안고 있는 것은 아닌가?' 등의 **실제로는 존재하지 않는 다른 이유를 가져다 붙이는** 경우가 있습니다. 이를 '회귀 오류'라고 합니다.

비즈니스에서도 부하의 실적이 내려가면 질책하고, 오르면 칭찬하곤 합니다. 그 결과, 질책한 후에는 성적이 오르고 칭찬받은 후에는 성적이 내려가는 것을 보고 **'질책하거나 칭찬하는 것이 성적을 오르내리게 한다'라고 생각하는 것**도 회귀 오류라고 할 수 있습니다. 실제로는 상사의 태도와 부하의 실적 사이에는 인과관계가 없을지도 모릅니다[2].

부하의 실적이 내려갔을 때는 1년 차일 때 너무 잘했기 때문일지도 모르는데, 무언가 이유가 있어서 능력이 저하되었다고 생각하기 쉽습니다.

제2장 추정

087

추정

ESTIMATION

아무것도 아닌 일이 큰일이 된다

가용성 폭포(캐스케이드)

작은 폭포가 점점 크고 넓어진다….

버터가 품귀현상을 빚고 있다는 뉴스가 방송되고, 그 사실을 알게 된 사람들이 버터를 찾는 모습이 TV에 나왔다고 합시다. 그러자 평소에는 그다지 버터를 사용하지 않는 사람까지도 불안해져서 버터를 사러 달려가는 현상이 발생하는 경우가 있습니다.

088

▷ '가용성'이 연쇄한다

미디어가 교통사고를 빈번하게 다루면, 교통사고가 실제 이상으로 일어나고 있다고 오해할 소지가 있다는 것은 '가용성 휴리스틱'(54p)에서 설명한 대로입니다. '가용성 폭포'는 이 가용성 휴리스틱이 연쇄되어 **개인의 편향이 집단의 잘못된 신념으로 발전**하는 것을 가리킵니다[1].

왼쪽 페이지의 예시처럼 가용성 폭포는 대부분은 **사소한 일을 미디어가 다루는 것에서 시작됩니다.** 버터 품귀 현상이 일어났다고 해도 대부분의 사람에게는 그다지 큰 영향은 없을 것입니다. 그런데도 보도를 들은 사람 중 일부가 매장에 몰려들고 심지어 그 모습이 보도됨으로써 많은 사람들이 필요치 않은 불안에 사로잡히게 됩니다. '캐스케이드(cascade)'란 이어진 작은 폭포라는 뜻으로, 소동이 서서히 퍼져가는 모습을 가리키고 있습니다.

리트윗하거나 '좋아요' 버튼을 누르기 전에 자신이 팔로우 하지 않은 사람의 의견도 확인해 봅시다.

▷ 평판을 신경 쓰느라 말하지 못해서 소동이 확대된다

이러한 현상은 때로는 큰 소동으로 발전하여 정부의 개입이 필요한 사태가 발생하기도 합니다. 원래의 정보에 의문을 품는 사람이 있어도, **주위의 평판을 두려워하여 지적하지 못하면 소동은 점점 커집니다.** 만약 '이상하다'라고 느끼는 일이 있다면, 과감하게 입 밖으로 꺼내봅시다. 의외로 가까운 곳에 같은 생각을 하는 사람이 있을지도 모릅니다.

> 🔗 **관련된 인지 편향**
>
> **에코체임버 현상**
>
> X 등의 SNS에서는 같은 취미, 취향을 가진 사람이 모이기 쉽습니다. 그 때문에 무언가 의견을 말하면 그것을 긍정하는 의견만 되돌아옵니다. 그렇게 생각이 비슷한 사람들끼리 의견을 주고받는 사이에 자신들의 생각은 세상의 대다수 사람이 느끼는 것이라고 착각하기도 합니다. 이를 '에코체임버 현상'이라고 합니다. 에코체임버는 '반향실'이라는 의미입니다. 닫힌 공간 안에서 특정한 의견이 서로 반향을 일으켜 순식간에 증폭될 위험이 있습니다.

'이 정도라면 괜찮아'는 정말 괜찮은 걸까?

정상화 편향

도망칠 정도는 아니다

경보가 울리고 있어서 대피해야 할지도 모르는데,
아무것도 하지 않는 경우가 있습니다.

▷ 리스크를 잘못 평가한다

만약 회사에서 경보장치가 울린다면 당신은 어떤 행동을 취하나요? 대부분 사람은 '오작동인가?', '훈련이겠지'라고 생각해 바로는 대피하지 않을 것입니다.

사람은 좀처럼 일어나지 않는 사태에 직면하면, **이제까지의 경험을 통해 바로 '있을 수 없다'라고 생각하며, 그것을 정상 범위 내의 일이라고 생각하는 경향이 있습니다.** 이를 '정상화 편향'이라고 합니다.

우리는 다양한 변화나 새로운 사건 등 갑자기 예기치 못한 사태에 빠져도 '별일 아니야', '이 정도는 괜찮아'라고 생각함으로써 극단적인 불안이나 스트레스로부터 자신을 보호하고 있는 것입니다.

사업 성과가 기울고 있는데, 사장은 위험하다는 것을 모르는 경우도 있습니다.

▷ 비상사태에도 '별일 아니야'라고 생각한다

재해를 입었을 때 정상화 편향이 작용하면, **원래는 비상사태라고 판단해야 할 일을 '별일 아니다'라고 오인할 우려가 있습**니다.

실제로 과거에 일어난 재해에서는 패닉에 빠져 도망치지 못한 사례보다 정상화 편향이 작용해 늦게 대피한 쪽이 많다는 것이 지적되었습니다[1].

비상시에는 냉정한 사고나 판단이 어려우므로 정상화 편향에 빠질 위험이 있다는 것을 잊지 않도록 합시다.

🔗 관련된 인지 편향

블랙 스완 이론

'블랙 스완 이론'에서는 '있을 수 없다', '일어날 리 없다'라고 생각되었던 일이 갑자기 발생하면 사람들이 받는 충격이 커진다고 알려져 있습니다[2].

백조는 모두 흰색이라고 생각하던 시대에 검은 백조가 발견된 것에서, 희소한 현상의 비유로서 '블랙 스완'이라 불리게 된 듯합니다.

이 현상은 자연재해 외에, 예측이 어려운 금융업계에서 금융위기를 나타낼 때도 사용되고 있습니다.

추정

ESTIMATION

위험 보상

 생각해 **?** 봅시다

시야가 좋지 않아서 교통사고가 많이 발생했던 도로를 정비했습니다.
교통사고는 줄어들었을까요?

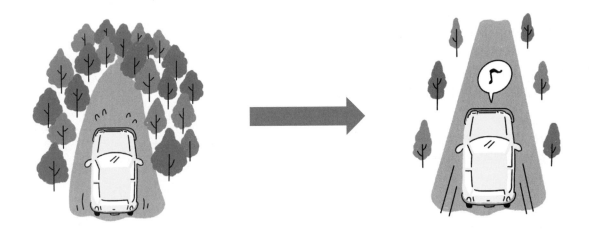

A 정비 전보다 줄어든다

B 정비 전과 비슷하다

C 정비 전보다 늘어난다

▷ 위험도가 낮아지면 더 위험한 행동을 한다

길을 넓히거나 가드레일을 다는 등, 사고를 예방하기 위해 도로가 정비되면 당연히 사고도 줄어들 것이라 생각할 것입니다. 그러나 실제로는 **도로를 정비해도 생각한 것보다 교통사고가 줄지 않는 경우를 종종 볼 수 있습니다.** 이는 운전자가 전보다 속도를 내는 등, 더 위험한 운전을 하기 때문입니다.

사람은 자기 주변의 위험이 저하되었다고 느끼면 그만큼 위험도가 높은 행동을 취합니다. 이를 '위험 보상'이라고 합니다1. 안전성이 높아졌을 텐데도 사고가 줄어들지 않는 배경에는 이러한 이유가 있습니다.

담배를 타르 함량이 낮은 것으로 바꾸면 이전보다 흡연 빈도가 증가하는 것도 이 위험 보상의 한 예라고 할 수 있습니다.

▷ '안전할지도 몰라'라고 생각할 때야말로 위험하다

'위험 보상'은 익숙함이나 훈련에 의해 자기 손으로 위험을 컨트롤할 수 있는 능력이 생겼다고 생각하는 경우에도 발생합니다. 예를 들어 막 운전면허를 땄을 무렵에는 안전하게 운전하더라도, **운전에 익숙해지면 제한속도 이상으로 속도를 내거나 무리해서 추월하기도** 합니다.

타르 함량이 낮으니까 많이 피워도 괜찮아!

전에는 담배 개수를 신경 쓰면서 피웠었는데….

후
우

🔗 관련된 인지 편향

리스크를 추구하기 쉬운 사람이 있다?

리스크가 있다는 것을 알고 있으면서도 리스크를 추구하는 것을 '리스크 테이킹'이라고 하며, 이는 개인차가 있다고 알려져 있습니다. 쉽게 리스크 테이킹을 하는 사람과 그렇지 못한 사람이 있다는 것입니다.

또 '젊은 혈기'라는 말이 있듯이, 일반적으로 젊은이가 중장년보다 리스크 테이킹의 경향이 강한 듯합니다.

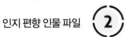
'거짓 기억'을 연구

엘리자베스 로프터스

Elizabeth Loftus	1944 ~

미국의 인지심리학자. 유도된 정보에 따라 기억이 달라지는 '거짓 기억'
에 대해 연구하고 많은 실험 결과를 남겼습니다. 또한 목격 증언의 위험
성이나 오기억에 관해 논했으며, 심리학자의 입장에서 재판에 참여하는
등 사법에도 깊이 관심을 두고 있습니다.

📖 **주요 저서**

• 《우리의 기억은 진짜 기억일까(the myth of repressed memory)》
정준형 옮김, 도솔 2008년

🔗 **관련된 인지 편향**

'오기억'(18p), '사후 정보 효과'(22p) 등

제 **3** 장

고른다면 이쪽

선택에 관련된 편향

— CHOICE —

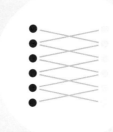

무언가를 고를 때, 자신의 의사로 선택할 생각이었는데 인지 편향이 작용해
비합리적인 선택을 하는 경우가 있습니다.
빠지기 쉬운 선택에 관한 인지 편향을 소개합니다.

선택

CHOICE

변하는 것보다 '지금 이대로'가 좋아

현상 유지 편향

생각해 ? 봅시다

**이직하는 편이 좋은가?
이직하지 않는 편이 좋은가?**

업무량이나 업무 내용이 지금과 거의 비슷하며 급여나 대우가 지금보다 좋은 조건의 회사로 이직할 기회가 있다면, 당신은 어떻게 하겠습니까?

A 이직한다

B 조금 더 고민한다

▷ 바뀌는 선택에 '브레이크'를 걸다

업무 내용은 변함이 없는데 급여나 대우가 지금보다 좋은 회사가 있다면, 망설임 없이 이직을 선택할 것 같습니다. 그러나 실제로는 바로 결단 내릴 수 있는 사람은 많지 않을지도 모릅니다. 왼쪽 페이지의 예제에서 B를 선택한 사람 중에도 잠시 고민한 끝에, 결국은 이직하지 않고 그대로 같은 회사에 다니는 예도 있겠지요.

이 예제에서는 이직이라는 변화로 지금보다 가계가 편해질 것이라고 생각하는 한편, 통근 시간이 늘어나서 가족과 지내는 시간이 줄어들지도 모른다고 생각해 **변화에 스스로 '브레이크'를 걸 수도 있습니다.**

▷ 합리적인데도 선택하지 않는 이유

왼쪽 페이지의 예제에서 A를 선택하지 않은 것은 '직장 환경이나 인간관계에 문제가 있을 수도 있다'라고 생각했기 때문일지도 모릅니다. **변화에 장단점이 있을 때, 변하는 것보다 변하지 않는 선택을 하는 것을 '현상 유지 편향'이라고 합니다.**

사람은 손실에 민감합니다. 객관적으로 보고 바꾸는 것이 합리적인 선택이라 할 지라도 비합리적인 선택을 하기도 합니다. 이 경우, 실패에 대한 불안이나 두려움 같은 심리적인 요인 외에 '손실 회피'('키워드 척척 해설' 참고)와 관련되어 있을 가능성이 있습니다[1].

C 이직하지 않는다

> **🔑 키워드 척척 해설**
>
> ### 손실 회피
>
> 이직을 예로 들어 생각하면, 현상 유지라는 결단을 내리기까지 사람은 현재 상태와 이직 후를 비교합니다. 즉, 현재 상태를 '참조점'으로 이직 후를 상정합니다. 이때, 사람에게는 '현상을 밑도는 선택은 어떻게든 피하고 싶다'라는 손실을 회피하려는 경향이 있습니다. '손실 회피 경향'은 바꿀 것인지 바꾸지 않을 것인지의 선택에 국한되지 않고, 손에서 놓을 것인가 말 것인가의 선택('보유 효과' 100p) 등 다양한 선택 상황에서 볼 수 있습니다.

선택
CHOICE

'이제 반밖에'인가 '아직 반도'인가

프레이밍 효과

와인 병 속 내용물은 앞으로 얼마나 남았나?

같은 '반'이라도 말하는 방법에 따라 다르게 보입니다.

▷ 말하는 방식에 따라 선택은 달라진다

내용물의 양이 같아도 '절반밖에 없어'와 '절반이나 있네'는 받는 인상이 다르지 않을까요?

이처럼 말하는 방식에 따라, 사물을 받아들이는 방법이나 그 후의 선택은 영향을 받습니다. **논리적으로는 같은 내용이라 해도, 표현 방법의 차이에 따라 그 후의 판단이나 선택이 달라지는 것을 '프레이밍 효과'라고 합니다.**

▷ '사망률 10%'보다 '생존율 90%'가 좋다

어느 실험에서는 참가자에게 준비한 데이터를 보여준 후, 'A'와 'B' 두 종류의 치료법 중 어느 쪽을 선택할 것인지를 물었습니다. 이때, 절반의 참가자에게는 두 가지 치료법을 '사망률'을 기준으로 한 데이터를 보여주었습니다.

[A] 직후 사망률은 10%, 1년 후 32%, 5년 후 66%

[B] 직후 사망률은 0%, 1년 후 23%, 5년 후 78%

한편, 나머지 절반의 참가자에게는 같은 치료법을 '생존율'을 기준으로 한 데이터를 보여주었습니다.

[A] 직후 생존율은 90%, 1년 후 68%, 5년 후 34%

[B] 직후 생존율은 100%, 1년 후 77%, 5년 후 22%

그러자 그냥 말하는 방식을 바꿨을 뿐인데 '사망률'보다 '생존율'을 기준 삼은 쪽이, [A]의 치료법을 더 많이 고른다는 것을 알 수 있었습니다[1]. 사망률처럼 '~를 잃는다'라는 틀에서 포착한 경우와, 생존율처럼 '~를 얻는다'라는 틀에서 포착한 경우로 선택이 달라지는 것입니다.

표현 방식에 따라 받는 인상이 다릅니다.

클로즈업! 인지편향 실험

부정형으로 묻는 편이 동조하기 쉽다?

같은 내용이라 해도 질문 방법에 따라 답변이 크게 달라진다는 조사 결과가 있습니다. 예를 들어 "'○○을 인정해서는 안 된다'고 생각하는가?"처럼 부정형이 포함된 질문을 받으면, "'○○을 금지해야만 한다'고 생각하는가"라고 질문 받는 것보다 동조자가 늘어납니다. 마찬가지로 "××를 금지해서는 안 된다'고 생각하는가"라는 질문을 받으면, "'××를 인정해야만 한다'고 생각하는가"라고 묻는 것보다 동조자가 늘어납니다[2]. 이것도 프레이밍 효과의 하나입니다.

자신이 가지고 있는 것은 특별하다

보유 효과

금액의 문제가 아니라……

▷ 소유물은 비싼 값에 팔고 싶어진다

심리학자 대니얼 카너먼의 실험에서는 참가자(판매자)는 6달러 상당의 머그잔을 받고 그 후 '얼마면 컵을 팔아도 괜찮은가?'라는 질문을 받았습니다. 또 컵을 받지 못한 참가자(구매자)는 '얼마면 컵을 구매하고 싶은가?'라는 질문을 받았습니다. 그러자 판매자는 약 5.3달러라고 대답한 데 비해, 구매자는 2.5달러 부근이라고 대답해 **양쪽의 가격 차이가 2배 이상 났습니다.**

카너먼 팀은 또한 조건을 다양하게 변경해 같은 실험을 실시했습니다. 그러나 결과는 모두 같았습니다. 판매자가 구매자의 2배 이상 되는 가격을 책정하고, 판매자가 '소유하고 있는' 컵에 높은 가격을 책정하는 경향은 변하지 않았습니다[1].

▷ 손에서 놓으려고 하면 아까워진다

행동경제학자 리처드 탈러는 가지고 있기만 해도 가치가 올라가는 사례를 검증하여 이를 '보유(소유) 효과'라고 불렀습니다[2].

예를 들어 벼룩시장에서 판매자가 책정한 가격을 '비싸!'라고 생각한 적 없나요? 판매 목적은 제쳐두고, **사람은 자신이 소유하고 있던 물건을 포기할 때 비록 헌 옷이라 해도 높은 가격을 매기려고 합니다.** 포기한다는 심리적 고통이 가격에 반영되어 있을지도 모릅니다.

책을 읽지 않고 쌓아만 두는 책부자들도 머지않아 보유 효과가 될지도…?

클로즈업! 인지 편향 실험

이런 경우에서도 보유 효과가 작용한다

보유 효과를 나타내는 대표적 실험의 예가 하나 더 있습니다. 이 실험에서는 앙케트의 응답자를 머그잔을 받은 A 그룹, 초콜릿 바를 받은 B 그룹, 아무것도 받지 못한 C 그룹으로 나눴습니다. 답변을 마친 단계에서 희망자에게는 A 그룹이라면 초콜릿으로 교환 가능, B 그룹이라면 머그잔으로 교환 가능, C 그룹은 둘 중 하나를 선택할 수 있다는 것을 전달합니다. 그 결과, C 그룹의 선택률은 거의 반반으로, 취향에 편중됨이 없음을 확인할 수 있었습니다. 그러나 A 그룹과 B 그룹 모두 교환을 희망한 참가자는 10% 정도였습니다[3]. 즉, 몇 분 전에 우연히 받은 물건이라 해도 포기한다는 선택을 하기는 어려웠던 듯합니다.

선택

CHOICE

모호성 회피

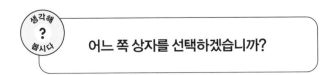

어느 쪽 상자를 선택하겠습니까?

당첨되면 상품을 받을 수 있는 제비
뽑기 상자가 2개 있습니다.
A 상자에는 당첨과 미당첨 구슬이
50개씩 들어 있습니다. B 상자에는
당첨과 미당첨 구슬이 총 100개 들
어있지만, 그 비율은 모릅니다.
당신은 어느 쪽 상자를 선택하겠습
니까?

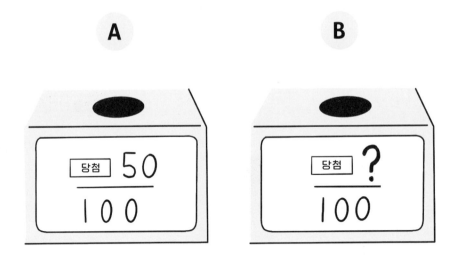

▷ 불확실한 선택은 피하고 싶다

왼쪽 페이지와 같은 예시에서는 대부분의 사람이 A 상자를 선택합니다[1]. A의 선택에서는 당첨이 나올 확률이 50%라는 것을 바로 알 수 있습니다. 한편 B를 선택해도 당첨이 나올 확률은, 평균 내면 50%입니다. 그럼에도 B 상자를 선택하지 않는 이유는 무엇일까요? B 상자의 당첨 확률은 잘 모르겠다고 생각했기 때문일지도 모릅니다.

일상생활에서는 이러한 불확실한 현상을 많이 볼 수 있습니다. 사람들은 사건이 **일어날 확률을 알 수 없는 애매한 상황에서의 선택을 가능하면 피하려고 합니다.** 이 경향을 '모호성 회피' 혹은 '불확실성 회피'라고 합니다.

사람들은 내용물을 알 수 없는 랜덤박스보다 내용물이 보이는 세트 상품을 선택하고 싶어 합니다.

▷ 결과의 확률을 알 수 없을 때 일어난다

모호성 회피는 위험 회피 때문에 일어난다고는 할 수 없습니다. 일반적으로 위험 회피는 결과의 확률을 예측할 수 있을 때 일어나는 데 반해, 모호성 회피는 결과 확률이 불확실할 때 발생한다고 합니다[2]. 왼쪽 페이지의 예시에서도 B의 확률이 처음부터 와닿는 사람도 있을지 모릅니다. 그러나 주관적으로 보고 결과의 확률을 알 수 없거나, 불분명하다고 느끼면 모호성 회피가 발생합니다. 모호성 회피는 '기대 효용 이론'(오른쪽의 '키워드 척척 해설' 참조)과 관련된 경우도 있다고 합니다.

🔑 키워드 척척 해설

기대 효용 이론

불확실한 상황에서 무언가를 선택하고자 할 때, 만족도 등의 주관적인 가치가 선택의 열쇠가 됩니다. 주관적인 가치는 경제학 분야에서는 '효용'이라고 합니다.
'기대 효용 이론'에서는 효용의 기대치가 선택의 기준이 된다고 설명하고 있습니다. 예를 들어 '50%의 확률로 천 원이나 0원 중 하나를 받는다'와 '확실하게 500원을 받는다'라는 선택에서는 전자를 선택하는 사람이 많은 것 같습니다. 그러나 천 원을 10만 원으로, 500원을 5만 원으로 바꾸면 이번에는 후자를 선택하는 사람이 증가하는 듯합니다.

선택
CHOICE

아까워서 되돌아갈 수 없다

매몰 비용 효과

▷ 이제까지의 투자는 헛수고일까?

이대로 계속한다면 확실하게 손해를 본다는 것을 예상할 수 있어도, 지금까지 쏟아부은 노력이나 시간, 비용을 생각하면 그만둘 수 없습니다. 이러한 현상을 '매몰 비용 효과'라고 하며, **이미 지불해서 이제는 되돌릴 수 없는 비용**을 가리킵니다.

예를 들어 진행 중인 프로젝트를 재검토할 경우, 이제 회수할 수 없는 매몰 비용은 고려하지 않고 앞으로의 손익만을 생각해 판단하는 것이 합리적입니다. 그러나 실제로는 '이제까지 **투자한 리소스가 헛수고가 되기 때문에'** 과거에 했던 투자를 포기하지 못하고 프로젝트를 계속하는 일이 많을 것입니다.

▷ 본전을 찾으려고 무리를 한다

어느 실험에서는 연극 관람의 연간 티켓을 통상 가격(15달러), 낮은 할인가(13달러), 높은 할인가(8달러) 중 한 가격으로 판매했습니다. 그러자 기간의 전반에는 통상 가격으로 구입한 사람이 가장 많이 연극을 관람하러 방문했고, 다음으로 낮은 할인가, 높은 할인가 순서로 방문했습니다(기간의 후반에는 연극 관람 횟수에 차이는 없었습니다)[1]. 이는 티켓을 비싼 가격으로 구입한 사람일수록 **지불한 가치만큼 본전을 찾으려고 흥미가 없는 작품이라해도 보러 방문했기 때문**입니다.

여러분도 뷔페에서 본전을 뽑으려고 한 적 있지 않나요? 그럴 때 무리해서 과식을 하면 컨디션을 망치는 등 오히려 손해를 보게 됩니다.

이제 와서 손해를 보고 팔 수는 없어!

주식을 구입한 회사의 실적이 악화하여 주가가 내려가도, 좀처럼 그 주식을 매각하지 못하는 경우가 있습니다.

🔑 인지 편향 여담

콩코드 효과

초음속 여객기로 개발된 콩코드는 연비가 나쁘고 탑승 정원도 적어서 개발 단계부터 채산이 맞지 않다는 것이 확실시되었습니다. 그런데도 일단 움직이기 시작한 계획을 멈추지 못하고 운항을 개시했습니다. 결국 수익이 개선되지 않은 채 2000년에는 추락사고가 발생해 2003년에 영업을 정지했습니다. 일설에 따르면 몇 십조 원의 적자를 냈다고 합니다. 이처럼 콩코드의 상업적 실패는 매몰 비용 효과의 대표적 예시이므로 매몰 비용 효과는 '콩코드 효과'라고도 불리고 있습니다[2].

선택
CHOICE

현재 지향 편향

생각해
?
봅시다

다음 두 가지 선택지가 있다면
어느 쪽을 선택하겠습니까?

질문 1

A 지금 당장
15만 원을 받는다

B 1년 후에
20만 원을 받는다

질문 2

A 1년 후에
15만 원을 받는다

B 2년 후에
20만 원을 받는다

▷ 지금 당장 얻을 수 있는 이익을 과대평가

'당장 15만 원이냐, 1년 후에 20만 원이냐'라고 물으면 '지금 당장 15만 원을 받고 싶다'라고 대답하고 싶습니다. 하지만 그렇게 대답한 사람도 '1년 후에 15만 원을 받겠냐, 2년 후에 20만 원을 받겠냐'라고 물으면 '2년 후의 20만 원'을 고르는 사람이 많지 않을까요?

양쪽 경우 모두, 1년 더 기다리면 받을 수 있는 돈이 5만 원 늘어나는 것에는 변함이 없지만, **지금 당장 받을 수 있는 돈에는 특별한 가치가 있는 것처럼 느껴집니다.** 이처럼 지금 당장 얻을 수 있는 이익을 과대평가하는 경향을 '현재 지향 편향'이라고 합니다[1].

▷ 문제 해결을 미룬다

현재 지향 편향이 있기 때문에 동화 '개미와 베짱이'의 베짱이처럼 문제 해결을 미룰 가능성이 있습니다. '흡연자', '비흡연자', '전 흡연자'에 대해 왼쪽 페이지와 같은 과제를 실시한 실험에서는 흡연자에게서 지금 당장 손에 넣는 이익을 중시하는 경향이 더 강하게 나타났습니다[2]. 즉, 흡연이라는 현재의 쾌락을 중시하는 나머지, 흡연자는 자기 건강상의 문제를 뒤로 미루고 있는 것인지도 모릅니다.

현재 지향 편향은 흡연에 국한된 것은 아닙니다. 만약 그만두고 싶어도 그만둘 수 없는 일이나 바로 시작하는 편이 좋은데 그러지 못하는 일이 있다면, 현재 지향 편향을 의심해 보고 미래의 이익을 놓치고 있지는 않은지 생각해봅시다.

'단 음식을 참고 이상적인 몸매를 만들고 싶지만, 눈앞에 있는 맛있는 케이크의 유혹을 이기지 못했다!'라는 경우, 있지요.

🔗 관련된 인지 편향

시간 선호

현재 지향 편향과 관련이 깊은 현상으로 '시간 선호'가 있습니다. 이는 무언가를 손에 넣을 때까지의 시간이 길어질수록 그 가치를 작게 인식하는 현상을 말합니다. 시간의 경과를 X축으로, 가치를 Y축으로 하면, 그래프가 쌍곡선 형태가 되므로 '쌍곡형 할인'이라고도 부릅니다.

시원치 않은 후보가 다른 사람을 돋보이게 한다

미끼 효과

어느 스마트폰을 선택하겠습니까?

질문 1

A 고성능이지만 가격이 비싸다
60만 원

B 성능은 A보다 떨어지지만, 가격은 A보다 저렴하다
40만 원

으음…

질문 2

S 성능은 A보다 떨어지지만, 가격은 A보다 비싸다
70만 원

A 고성능이지만 가격이 비싸다
60만 원

B 성능은 A보다 떨어지지만, 가격은 A보다 저렴하다
40만 원

아!

▷ 미끼가 추가되어 선택지의 매력이 달라진다

한쪽의 선택지가 다른 선택지에 비해 모든 것이 뛰어나다면 선택은 간단합니다. 그러나 대부분은 선택지에는 다양한 면에서 장단점이 있으므로 어려운 선택을 할 수밖에 없습니다. 왼쪽 페이지 질문 1의 경우, 가격을 중시한다면 B의 스마트폰이지만 그러면 성능은 바랄 수 없게 됩니다.

이럴 때 **두 가지 선택지 중 한 가지에 대해 열등한 선택지를 추가하면, 그것이 '미끼'가 되어 한쪽 선택지를 쉽게 고르게 됩니다**[1]. 이를 '미끼 효과'라고 합니다.

질문 2에서는 미끼로 A보다 성능이 좋지 않지만, 가격이 비싼 S를 추가하여 A는 S보다 고성능이지만 저렴한 상품으로 매력이 향상됩니다. 한편, B는 저렴한 것 외에 매력이 없게 되어 A의 스마트폰을 선택하기 쉬워집니다.

▷ '송죽매'는 '죽'을 선택하게 하는 상투 수단이다?

미끼 효과는 친숙한 장면에서도 자주 볼 수 있습니다. 메뉴에 '송죽매'라는 3개의 등급이 있는 경우, '중간을 골라서 죽으로 하자'라고 생각한 적 있지 않나요?

이 경우, '송'뿐만 아니라 '매'도 미끼 역할을 하고 있어서 타협의 산물로 '죽'이 선택되었다고 생각할 수 있습니다. 이처럼 **중용의 선택지를 선택하기 쉬워지는** 현상을 '타협 효과'라고 부르기도 합니다.

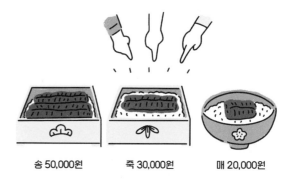

송 50,000원　　죽 30,000원　　매 20,000원

'송'은 너무 비싸고 '매'는 장어가 너무 적다. 여기서는 '죽'으로 타협하자고 생각하기 쉽습니다.

🔗 **관련된 인지 편향**

대비 효과

단맛이 적은 수박이라도 소금을 뿌리면 달콤하게 느껴집니다. 또 5kg의 쌀자루를 갑자기 들면 무겁게 느껴지지만, 10kg의 쌀자루를 든 후라면 가볍게 느껴질 것입니다.

이처럼 무언가와 대비됨으로써 단독일 때와는 다르게 느끼는 것을 '대비 효과'라고 합니다. 미끼 효과에는 이 대비 효과도 적용되고 있다고 할 수 있습니다.

선택

CHOICE

디폴트 효과

나라에 따라 장기 기증 동의율이
크게 다른 이유는 무엇일까요?

전혀 다른데…?!

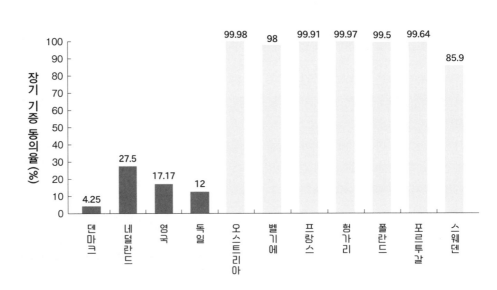

Johnson & Goldstein(2003)으로부터 작성

▷ 초기 설정에 의해 선택이 달라진다

왼쪽 페이지 그래프에서 동의율이 높은 나라(노란색)와 낮은 나라(회색)는 **실은 장기 기증 동의에 관한 초기 설정(디폴트)이라는 큰 차이가 있습니다.**

동의율이 높은 7개국에는 동의에 관한 초기 설정이 장기 기증을 '한다'로 되어 있습니다. 한편, 동의율이 낮은 4개국에서는 초기 설정이 장기 기증을 '하지 않는다'로 되어 있기 때문에 '한다'로 바꾸려면 서면 등으로 동의 표명을 해야만 합니다.

실제로 어떤 실험을 했는데 초기 설정을 장기 기증을 '한다'로 했을 경우는 동의율이 82%였던 반면에, '하지 않는다'로 한 경우는 동의율이 약 절반인 42%였습니다. 또 초기 설정 없이 스스로 '한다/하지 않는다'를 선택할 경우 동의율은 79%였습니다[1].

▷ 사람은 초기 설정을 변경하고 싶어 하지 않는다

초기 설정이 없는 경우의 동의율을 통해 많은 사람은 장기 기증에 부정적이 아니라는 사실을 알 수 있었습니다. 그러나 **사람들은 초기 설정 변경에 적극적이지 않기 때문에 초기 설정이 장기 기증을 '하지 않는다'인 경우에는 동의율이 낮아지는 것입니다.** 이를 '디폴트 효과'라고 합니다.

> 한 번밖에 이용하지 않은 가게에서 몇 년째 메일 매거진이 오고 있어….

> 메일 전송을 정지하면 어때?

평소 생활에서도 인터넷 쇼핑을 했을 때 메일 매거진 구독이 디폴트가 되었기 때문에 관심 없는 메일 매거진을 계속 받는 사람도 있을 것입니다.

🔍 인지 편향 여담

팔꿈치로 쿡쿡 찔러서 알린다

디폴트 효과를 사용해 사람들의 선택을 무리 없이 원하는 방향으로 이끄는 구조가 각국에서 행해지고 있습니다. 영국이나 미국에서는 확정 거출 연금 가입자가 적은 상황을 바꾸려고 '가입'을 디폴트로 한 결과, 가입률이 상승했습니다. 여기서 중요한 것은 '가입하지 않는다'라는 선택지가 남아 있다는 것입니다. 개인의 의사를 존중하면서 선택으로 유도하는 이와 같은 방법은 노벨 경제학상을 받은 행동 경제학자 리처드 탈러에 의해 '넛지(팔꿈치로 가볍게 쿡쿡 찌른다는 의미)'라고 이름 지어졌습니다[2].

누구인지 알면 돕고 싶어진다

인식 가능한 피해자 효과

이름이나 상세한 정보를 알 수 있으면 적극적으로 돕고 싶어진다

정보가 명확하면 효과적

알려진 개인정보가 명확할수록 인식 가능한 피해자 효과는 강해집니다. 어느 실험에서 한 명의 원조 대상자에 대해 개인정보가 '없는 경우', '나이만', '나이와 이름', '연령, 이름, 얼굴'의 네 가지 조건으로 비교했을 때 '나이, 이름, 얼굴'의 조건에서 가장 기부하고 싶어지는 경우가 나타났습니다[1].

인도에 사는
다섯 살 아이샤는
먹을 것이 없어서…

아!
가여워라….

▷ 통계 정보로는 돕고 싶지 않다

세계의 기아와 난민에 대한 뉴스에서 '희생자가 ○만 명 있다'라는 통계 정보가 전해졌을 때와 '○○이 위기에 처해 있다'라고 개인의 상황이 보도되었을 때, 어느 쪽이 '기부하자'라는 마음이 들었을까요?

아프리카의 기아 문제에 관해 실제 보도를 소재로 한 실험에서, 참가자는 실존하는 자선 단체로부터 기부 의뢰장을 받았습니다. 절반의 참가자에게 보낸 의뢰장에는 말라위에서는 300만 명으로 추정되는 어린이가 기아 상태에 있다는 '특정할 수 없는 피해자'에 관한 정보를 게재했습니다. 한편, 다른 절반의 참가자에게 보낸 의뢰장에는 아프리카의 말라위에 사는 7살 로키아라는 여자아이가 기아 위기에 있다는 '특정할 수 있는 피해자'의 정보가 사진과 함께 실려 있었습니다. 그 결과, **'특정할 수 없는 피해자'보다 '특정할 수 있는 피해자'의 정보를 받았을 때가 기부액이 많았습니다**[2].

▷ 특정할 수 있는 피해자를 돕고 싶어지는 이유

누구인지 특정할 수 없는 피해자보다 특정할 수 있는 피해자에 대해 더 많은 원조를 하려는 것을 '인식 가능한 피해자 효과'라고 합니다. 특정할 수 있는 피해자에게 보낸 원조가 많은 이유로는, 개인정보를 보는 편이 더 감정을 움직이기 쉽다는 것, 자신이 행한 행위가 가져오는 효과를 보다 인식하기 쉽다는 점 등, 다양한 설명을 떠올릴 수 있습니다.

선택

CHOICE

확실하지 않으면 고르지 않는다

확실성 효과

상담이 성공할 확률은?

80%에서
85%로 올랐어

95%에서
100%로 올랐어

하아…

해냈다!!

양쪽 모두 똑같은 '5% 상승'인데, '100%로 올랐어'라는 말을 들었을 때가 훨씬 기쁩니다.

▷ 올라간 확률은 같은 '5%'지만…

왼쪽 페이지의 예시에서는 상담이 성공할 확률이 양쪽 모두 5% 상승했습니다. 하지만 95%에서 100%로의 변화처럼 조금이라도 **불확실했던 일이 확실해졌을 때, 수치가 보여준 이상으로 큰 변화가 있는 것처럼 느껴집니다.** 이를 '확실성 효과'라고 합니다.

똑같은 일은 전혀 가능성이 없었던 일에 약간이라도 가능성이 생겼을 때 일어납니다. **성공률 0%였던 상담이 단 5%라도 가능성이 보일 때, 심경에 커다란 변화가 생깁니다.** 이를 '가능성 효과'라고 합니다.

주관적인 확률이 객관적 확률과 일치하지 않는다는 것은 잘 알려져 있지만, 특히 0%와 100% 근처에서는 그 차이가 벌어지는 경향이 있습니다[1].

국산 원료 100%와 98%는 인상이 크게 달라집니다.

▷ 좋지 않은 결과에 관한 확률이라도

확실성과 가능성의 효과는 좋은 결과뿐만 아니라, 좋지 않은 결과에 대한 확률에서도 생깁니다.

예를 들어 손에 든 상품의 패키지에 국산 원료 98%라고 쓰여있을 경우와, 100%라고 쓰여 있는 경우는 느낌이 다를 것입니다. '화학조미료를 전혀 사용하지 않았습니다(즉 0%)'라고 주장하는 경우와 '화학조미료는 2% 미만입니다'라고 할 때도 마찬가지로 느낌이 다릅니다.

🔍 인지편향 여담

복권이나 보험에 돈을 쓰는 이유

심리학자 대니얼 카너먼에 따르면, 가능성이 작아도 이득이 큰 경우에는 사람은 큰 이득을 꿈꾸며 위험을 추구하려고 합니다[2]. 이 대표적인 예가 복권으로, 당첨 확률이 극히 낮아도 '사지 않으면 당첨되지 않는다'라고 생각해 복권을 사는 사람이 많을 것입니다.

한편, 가능성이 작아도 손실이 큰 경우에는 위험을 회피하려고 합니다. 대표적 예는 보험으로, 사람은 큰 손실을 두려워한 나머지 가능성이 낮은 사고나 질병에 대해서도 고액의 보험료를 지불하기도 합니다.

자신이 만든 것의 가치를 과대평가한다

이케아 효과

기성품보다 더 매력적으로 보인다

조립식의 가구를 나름의 시간과 노력을 들여 완성했는데, 나중에 매장에서 똑같은 가구의 기성품이 팔리고 있는 것을 목격했습니다. 이 경우, 내가 만든 가구 쪽이 '훨씬 좋다!'라고 생각하기 쉽습니다.

▷ '스스로 만들었다는 것'이 자랑거리

가구 등을 자기가 조립하면 기성품을 사는 것보다 수고와 시간이 들지만, 그만큼 특별한 애착이 생기는 것은 아닐까요? 이처럼 우리는 **자신이 만든 물건의 가치를 과대평가하는 경향**이 있습니다. 이를 조립식 제품을 많이 취급하는 스웨덴 가구 판매점인 이케아(IKEA)의 이름을 따서 '이케아 효과'라고 합니다.

이케아 제품을 사용한 실험에서는 참가자의 절반은 이케아 수납 박스를 조립하고 거기에 지불할 수 있는 가격을 매겼습니다. 나머지 절반의 참가자는 기성품 수납 박스를 검품하고 가격을 정했습니다. 그 결과, **자신이 조립한 쪽이 평균적으로 높은 가격을 설정했습니다**[2].

▷ 자신이 만든 것은 누구에게나 매력적인가?

이케아 효과는 자신이 만든 물건의 만듦새가 좋든 나쁘든 상관없이 발생합니다. 어느 실험에서는 참가자는 자신이 만든 종이접기 작품에서 전문가가 만든 작품과 거의 비슷한 가치를 발견하고 다른 사람도 동일하게 평가할 것이라 생각했습니다. 그러나 본인 외의 참가자에게 물었더니 이 종이접기 작품은 '거의 가치가 없다'라는 평가를 받았습니다. 즉, **관계없는 사람이 보면 거의 무가치한 작품을, 만든 본인만은 '누가 봐도 가치 있는 작품이다'라고 믿고 있었다**고 할 수 있습니다.

또한 이와 같은 효과가 생기려면 자신이 손을 대는 것뿐만 아니라 마지막까지 완성할 필요가 있습니다[2].

🔑 인지편향 여담

약간의 수고를 들인 상품의 매력

1940년대 한 미국 식품회사가 '물과 섞어서 굽기만 하는' 핫케이크 믹스를 판매했지만, 좀처럼 보급되지 않았습니다. 그러나 '스스로 계란과 우유를 추가한다'라는 '약간의 수고'를 추가하자 매출이 급격하게 늘어났습니다[1]. 이 약간의 수고가 상품의 매력을 높인 것일지도 모릅니다.

후일 매장에서…

완제품
000원

내가 만든 선반이
훨씬 좋네!

우연히 손에 넣은 돈은 낭비하고 싶어진다

심리적 회계(멘탈 어카운팅)

**생각해
봅시다**

**다음과 같은 경우,
당신은 연극 티켓을 구입하겠습니까?**

A

50,000원에 구입한
티켓을 잃어버렸다
(관람하기 위해서는
티켓을 다시
살 필요가 있다)

B

티켓값과 같은
금액인 50,000원을
잃어버렸다

▷ 같은 금액이라도 다른 행동을 취한다

왼쪽 페이지의 질문은 어느 실험을 변형한 것입니다. 그 실험에서는 참가자에게 A처럼 '연극을 관람하려고 10달러짜리 티켓을 구입했는데 현지에서 티켓을 잃어버렸다는 것을 깨달았다'라는 시나리오를 제시했습니다. 그러자 '티켓을 다시 산다'라고 대답한 사람은 46%였습니다.

한편, B처럼 '창구에서 티켓값을 내려고 했을 때, 주머니에 넣어둔 10달러를 잃어버린 것을 알았다'라는 시나리오에서는 '티켓을 산다'라고 대답한 사람은 88%로 올라갔습니다[1].

▷ 마음의 가계부가 이끄는 대로 쓴다

양쪽 다 10달러만큼의 가치를 잃었는데 티켓을 사는 사람의 비율에 차이를 보인 것은 우리가 마음속에 가계부 같은 것을 가지고 있어서 그 비용의 항목을 기준으로 수입과 지출 계산을 하고 있기 때문이라 생각됩니다. 이를 '심리적 회계(멘탈 어카운팅)'라고 합니다.

이 경우, 티켓값은 마음속에서 '오락비'로 분류되기 때문에 티켓을 다시 사면 오락비 지출이 더욱 늘어나게 됩니다. 한편, 현금은 아직 어느 비용으로도 분류되지 않았기 때문에 분실해도 당초의 예정대로 오락비로 10달러를 지출하는 것에 거부감을 느끼기 어려운 것입니다.

확 써버리자!

도박으로 손에 넣은 돈은 마음속 가계부에서는 '공돈'이라 생각해 '생활비'와는 별개의 항목으로 나누기 때문에 낭비하기 쉽습니다.

🔗 관련된 인지편향

심리적 지갑

심리적 회계와 비슷한 생각으로 '심리적 지갑'이 있습니다. 이 사고방식을 제창한 심리학자 고지마 소토히로 팀은 상품 등을 구입할 때 지출에 얼마나 불편한 마음이 동반되는가를 조사했습니다. 그리고 그 결과를 바탕으로 '심리적 지갑'을 생필품, 재산, 문화·교양, 외식 등 9가지로 분류했습니다[2]. 단, 소유하는 심리적 지갑의 종류나 크기는 개인에 따라 다릅니다. 애초에 '외식'이라는 심리적 지갑이 없는 사람이 있으면, 반대로 '외식'의 심리적 지갑이 커서 아무리 돈을 써도 마음이 불편하지 않은 사람도 있을 것입니다.

선택
CHOICE

전문가가 이야기하고 있다면 따르자

권위 편향

사회적 지위가 있는 사람이 권하면 그럴듯해 보인다

저명한 사람이 추천하고 있다는 이유만으로 내용을 확인하지 않고 책을 산 적 있지 않나요?

▷ 권위자의 지시에는 따르고 만다

지위나 직함이 있는 권위자에게 추천받거나 지시 혹은 설득을 당하면, 내용을 잘 살펴보지 않아도 받아들이는 경향을 '권위 편향'이라고 합니다.

이 편향은 제복처럼 겉보기식 권위라 해도 가능합니다. 예를 들어 어느 실험에서는 지나가는 사람에게 말을 걸어서 주차료 징수기 앞에서 잔돈이 없어서 곤란해하고 있는 사람에게 10센트를 주도록 지시했습니다. 그때, 지시한 사람이 경비원 제복을 입고 있는 경우에는 **대부분의 사람이 지시를 따랐습니다**[1]. 사람들은 경비원이 이러한 지시를 하는 것에 정당성이 없다고 인식하고 있었지만, 경찰관 제복으로도 혼동하는 경비원 제복을 보고 자연스럽게 지시를 받아들인 것입니다.

▷ 직함이나 복장에서도 권위성을 느낀다

옷차림에서부터 사회적, 경제적 지위가 높다고 생각하게 하는 것만으로도 권위 편향이 생깁니다. 그리고 **권위자의 존재는 규칙 위반 같은 사회적으로 금지된 행동을 촉구하기도 합니다.**
어느 실험에서는 갓 다림질한 정장, 잘 닦인 구두 등 높은 신분을 상징하는 복장을 한 남성이 눈앞에서 신호를 무시하면 똑같이 신호를 무시하는 사람이 늘어났습니다[2].

훌륭한 복장, 비싼 장식품, 직함이 많이 적혀있는 명함 등은 사기꾼이 자신을 권위자로 가장하는 상투적인 수단이기도 합니다. 겉모습에 속지 않도록 주의해야 합니다.

○○기업 회장
○○○코리아 이사
○○회사 대표이사
○○○○ 코디네이터

굉장한 사람이네….

🔑 인지편향 여담

권위에 대한 복종 실험

권위 편향의 가장 큰 예시가 심리학자 스탠리 밀그램이 시행한 권위에 대한 복종 실험입니다. 이 실험에서는 학습을 촉구하기 위해 '벌'이라는 설정 아래, 참가자가 교사 역할을 맡아 학생 역이 된 초면의 타인에게 전기 충격을 가하도록 지시받았습니다. '벌'로 가하는 전기 충격은 서서히 강해지며 마지막에는 위험한 수준에 도달합니다. 그러나 저명한 예일 대학 실험실에서 백의의 실험복으로 몸을 감싼 책임자가 지시를 하자, 대부분의 참가자는 전기 충격을 계속 가했습니다(단, 학생 역할을 하는 사람은 연기자로, 실제로 전기 충격은 가해지지 않았습니다)[3].

많으면 오히려 선택하지 못한다

선택 과부하 현상

생각해 ? 봅시다

잼이 많이 팔리는 곳은
A와 B 중 어느 가게일까요?

A 24종류의 잼을
갖춘 가게

선택지의 수와 만족도의 관계

선택지가 많으면, 선택한 후의 만족도가 낮아진다는 사실이 알려졌습니다. 그러나 이는 자신을 위한 선택에 한정됩니다. 타인을 대신해 선택하는 상황에서는 선택지가 많은 쪽이 만족도가 높아지는 듯합니다[1].

B 6종류의 잼을 갖춘 가게

▷ 선택지가 많아서 잘 팔린다고는 할 수 없다

직관적으로는 상품을 많이 갖추고 있는 A 가게가 더 많이 팔릴 것이라고 생각할 것입니다. 완전히 같은 가게에서 행한 실험에서는 시식용 잼이 24종류가 있는 경우, 지나가던 손님의 약 60%가 멈추어선 데 비해, 6종류인 경우는 약 40%가 멈춰 섰습니다. 선택지가 많은 쪽이 손님의 흥미를 끌었습니다.

그러나 양쪽 다 **실제로 시식한 잼의 수에는 차이가 없었고**(평균 2종류 미만), **선택이 구매로 이어진 손님의 비율에서는 역전되었습니다.** 잼이 6종류인 경우가 약 30%였던 것에 비해, 24종류인 경우는 겨우 3%였습니다[2].

이처럼 선택지가 너무 많으면, 오히려 선택에 방해가 되는 현상을 '선택지 과다 효과'라고 합니다.

▷ 선택을 위한 시간과 노력이 스트레스가 된다?

선택지가 많아서 선택을 방해받는 것은, **많은 상품 중 하나만을 선택하는데 시간과 노력이 들고** 스트레스가 되기 때문이라 할 수 있습니다. 또 '만약 이것을 선택하지 않았다면 어땠을까?', '만약 다른 상품을 선택했다면 어떻게 될까?'라는 상상을 하기 쉽고, 그때 후회가 예상되는 것도 구매 의욕을 떨어트리는 하나의 원인이라고 생각됩니다.

다만, 선택지 과다 효과는 선택할 시간에 제한이 있거나 자신의 취향이 명확하지 않으면 두드러지는 듯합니다[3]. 시간이 충분하고 자신의 취향이 확실하다면 선택지가 많은 것은 나쁜 일이 아닐지도 모릅니다.

적은 것은 매력적으로 보인다

희소성 편향

'한정'되면 갖고 싶다

남은 대수나 판매 기간, 구매 자격이 한정되면, 희소하다고 느끼기 쉽습니다.

▷ 얼마 남지 않은 쪽에 끌린다

예를 들어 맛있어 보이는 두 종류의 케이크 중 한 종류가 이제 몇 개 남지 않았을 때, '매진 임박 케이크'를 고르고 싶어지지 않나요?

우리는 **손에 넣기 어렵거나 한정되어 있으면 그 상품을 매력적이라 느끼고 더 가치가 있다고 생각하는 경향이 있습니다.** 이러한 경향을 '희소성 편향'이라고 합니다. 이 현상이 일어나는 이유 중 하나로는, 일반적으로 손에 넣기 어려운 것은 그 자체가 귀중하고 가치가 있다는 것을 들 수 있습니다.

▷ 희소성에 가치를 느끼는 이유

또 하나의 이유는 희소성이 높으면 '이제 두 번 다시 이것을 손에 넣을 수 없을지도 모른다'라고 느끼기 때문입니다. 우리는 손에 넣을 수 있는 자유를 빼앗기면 그것을 회복하려고 해서 '어떻게든 손에 넣고 싶다'라고 생각하는 듯합니다. 이를 '심리적 반발'이라고 합니다(아래의 '키워드 척척 해설' 참조). 그 두드러지는 예시가 연인 사이를 갈라놓으려고 하면 오히려 그 두 사람의 연심을 불타오르게 한다는 '로미오와 줄리엣 효과'입니다[1].

심리학자 로버트 찰디니에 따르면, 희소성에 매료되는 것은 특히 어떤 것이 새롭게 희소해졌을 때 그리고 타인과 경쟁할 때라고 합니다[2]. 가게 등에서 볼 수 있는 '남은 ○대', '기간 한정'이라는 문구도 희소성을 높이는 방법으로 자주 이용되고 있습니다.

그렇게 원하지는 않았는데 '매진'이라는 소리를 들으면 오히려 갖고 싶어지는 경우가 있습니다.

🔑 인지편향 여담

심리적 반발

행동의 자유를 위협당하거나 선택의 자유를 빼앗기면, 사람은 그 자유를 회복하고 싶다고 강하게 바랍니다. 이러한 상태를 '심리적 반발'이라고 합니다[3].

이 현상은 다양한 상황에 생깁니다. 전형적인 상황으로는 행동을 강제당하거나 선택지가 제한되거나 할 때입니다. '꼭 해야만 한다'나 '절대로 해서는 안 된다'라는 말을 들으면 반발하고 싶은 기분이 드는 것은 이 때문입니다.

선택

CHOICE

양보다 단위로 판단한다

단위 편향

같은 '한 잔'을 주문한 거니까 괜찮아!

같은 '중 사이즈 맥주'를 주문해도 가게에 따라서 양은 다릅니다.
그러나 사람은 양보다도 '몇 잔 마셨는가'에 사로잡히기 쉽습니다.

▷ 1인분이 딱 좋을 것이다

많은 식품은 미리 정해진 단위로 팔리고 있습니다. 또 외식을 했을 때도 사전에 정해진 분량이 나옵니다. 그때 우리는 1인분이나 한 접시, 한 잔 등 하나의 단위로 정리된 것이 적절한 분량이며, '남기지 않고 다 먹어야만 한다'라고 생각하기 쉽습니다. 동시에 조금 모자란다고 생각해도 그 이상은 과식이라고 생각합니다.

이처럼 **한 단위로 정리된 것이 적절한 최적의 양이라고 생각**하는 경향을 '단위 편향'이라고 합니다.

▷ 판단 기준에 단위가 사용된다

과자를 무료 제공한 실험에서는 그날 준비된 과자 크기에 따라 소비량에 차이가 나타났습니다. 일반 크기의 절반만 한 과자가 준비된 날은 일관되게 총소비량(그램 총수)이 적었습니다[1]. 즉, 제공된 과자의 크기가 절반이 되었다고 해서 사람은 개수를 2배로 가져가거나 일반 크기와 같은 양을 먹는 것은 아닌 것 같습니다. 이처럼 **우리의 소비활동은 총량보다 단위에 따라 좌우된다**는 것을 알 수 있습니다.

1단위라는 정리로 인식되는 것은 음식에만 한정되지 않습니다. 영화나 유원지의 놀이기구 등도 시간의 총량이 아니라 '한 편'이나 '1회'라는 단위로 셀 수 있습니다. 책을 읽을 때 '아무튼 한 챕터 분량을 읽자'라고 생각하는 것도 단위 편향이 영향을 미치고 있다고 생각할 수 있습니다.

우선 이 한 챕터 분량만큼은 읽어야 해!

'한 챕터 분량'이라는 단위에 이끌려 페이지 수가 많더라도 노력할 때가 있습니다.

클로즈업! **인지 편향 실험**

과자 크기를 줄이면 다이어트가 된다?

어느 실험에서는 과제에 집중하고 있는 동안, 제공된 캔디를 '원하는 만큼 먹어도 좋다'라고 참가자에게 알렸습니다. 그 결과, 제공된 캔디 크기가 크든 작든 참가자들은 평균적으로 같은 수의 캔디를 먹었습니다[2]. 즉, 한 단위당 분량을 줄이면 자연스럽게 과자의 섭취량도 줄일 수 있는 듯합니다.

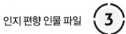
사람의 마음을 움직이는 설득 기법 해명

로버트 찰디니

Robert Cialdini	1945 ~

미국의 사회심리학자. 사람의 마음을 움직이는 설득 기법과 마케팅에 관해 연구하고 많은 업적을 남겼습니다. 중고차 판매점 세일즈나 모금 권유 등의 일을 파고들어 프로의 테크닉을 배우고 사람을 설득하는 메커니즘을 밝힌 저서는 베스트셀러가 되었습니다.

📖 **주요 저서**

• 《설득의 심리학(The Psychology of Persuasion)》(21세기 북스, 2023년 (20주년 기념 개정증보판))

🔗 **관련된 인지 편향**

권위 편향 (120p)
희소성 편향 (124p)

틀림없이 이럴 거야

신념에 관련된 편향

—— BELIEF ——

'자신은 옳다', '미디어는 편중되어 있다' 등 누구나 다양한 생각을 하고 있지만,

이러한 신념은 때로는 사실과 다른 경우가 있습니다.

신념에 관한 인지 편향은 일상에 넘쳐납니다.

신념

BELIEF

좋은 소문보다 나쁜 소문이 더 신경 쓰인다

부정성 편향

부정적인 평가가 더 신경 쓰인다

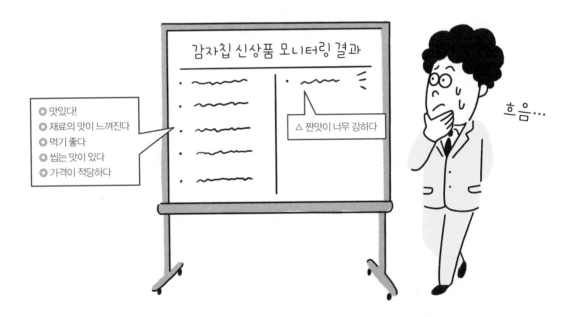

신상품의 모니터링 조사를 하면 압도적으로 좋은 평가뿐인데,

소수의 부정적인 평가가 아무래도 신경 쓰입니다…. 이런 경험 있지 않나요?

▷ 사람은 나쁜 정보에 민감하다

칭찬받았을 때 들은 말은 기억하지 못해도 혼났을 때 들은 말은 잊을 수 없습니다. **긍정적인 정보보다 부정적인 정보에 주의를 기울이기 쉽고, 그것이 기억에도 남는** 현상을 '부정성 편향'이라고 합니다.

　예를 들어 유명 인사가 선행을 해도 그다지 세간의 관심을 끄는 일은 없습니다. 그러나 스캔들을 일으키거나 실언을 하면 한순간에 세간의 관심이 높아집니다.

　어느 실험에서는 참가자에게 감정에 관련된 단어 2개를 세트로 제시하고 그 두 단어를 묶어서 기억하도록 했습니다. 일주일 후, 단어의 순서를 바꾸거나 새로운 단어 세트를 섞어서 참가자에게 외운 단어인가 아닌가를 '네/아니오'로 대답하게 했습니다. 그러자 부정적인 단어 세트에 대해서는 1주일의 시간이 지나도 기억하고 있다는 것을 확인할 수 있었습니다[1].

🔗 관련된 인지 편향

긍정성 편향

고령자에게는 부정적인 감정을 느끼기 어려워지고, 긍정적인 것에 관한 기억의 비율이 커지는 '긍정성 편향'이 생깁니다. 그것은 왜일까요? 거기에는 부정적인 정보의 처리를 감소시키고 긍정적인 정보의 처리를 강화한다는, 감정의 조절에 중점을 둔 인지 구조가 작용하기 때문입니다. 다만, 행복 등의 감정을 더 느끼게 되지만, 위험을 인지하는 능력이 약해지는 것은 부정할 수 없는 것 같습니다[3].

▷ 부정성 편향과 나이가 드는 것의 관계

부정성 편향은 나이가 들면 변화합니다. 실험에서는 19~21세의 참가자 20명과 56~81세의 참가자 20명에게 '긍정적인 영상', '부정적인 영상', '중립적인 영상'을 보여주고 뇌의 활동을 조사했습니다.

　그 결과, 젊은 참가자들은 부정적인 영상을 볼 때 뇌에서 강한 반응을 보였지만, 고령의 참가자들은 긍정적인 영상과 부정적인 영상 모두 같은 정도의 반응만 있어서 부정성 편향이 나타나지 않았습니다[2].

이 편향은 다른 사람의 인상 형성 시에도 발생합니다. 아무리 인상이 좋은 사람이라 해도 '처음 만났을 때 인상이 좋지 않았다'라는 부정적인 인상이 언제까지나 꼬리를 무는 경우가 있습니다.

신념

BELIEF

실패하는 것보다는 아무것도 하지 않는 편이 낫다

부작위 편향

> **어설프게 의견을 말하는 것보다,
> 가만히 있는 게 낫겠지**

사람은 자기가 한 일이 나쁜 결과가 되는 것보다, 하지 않은 일이 나쁜 결과가 되는 편이 더 낫다고 생각하는 경향이 있습니다.

132

야구 심판의 '부작위 편향'

야구에서 타자가 투 스트라이크에 몰려서 다음 공을 치지 않고 그냥 보냈다고 합시다(쓰리 볼, 투 스트라이크일 때를 제외). 그러자 심판은 31%의 확률로 스트라이크존의 공을 '볼'이라 오심한다는 데이터가 있습니다. 이는 투 스트라이크 외의 상황에서 공을 치지 않았을 경우의 오심률의 2배입니다. 심판에게는 자신의 판단으로 타자 아웃이 되는 사태를 피하려고 하는 무의식적인 '부작위 편향'이 작용하고 있기 때문입니다[1].

왜 다들 의견을 내지 않는 거야?

…….

▷ 거짓말은 하지 않았으니까 문제없다?

무언가를 하는 '작위'와 아무것도 하지 않는 '부작위'를 비교했을 경우, 양쪽 다 피해가 생길 때는 사람은 **부작위보다도 작위 쪽을 부정적으로 받아들이는** 경향이 있습니다[2]. 이는 '부작위 편향'이라 알려져 있습니다. 원인 중 하나는 하지 않았던 일보다 했던 일 쪽에 강한 '의도'가 느껴지기 때문이라 지적되고 있습니다.

또 어떤 실험에서는 도덕적 판단에 의해 거짓을 전하는 '작위의 거짓말'보다도 굳이 말하지 않는 '부작위의 거짓말'이 덜 나쁘다고 판단하는 경향을 보였습니다. 이 경향은 아이보다 어른에게서 강하게 나타났으며, 부작위 편향이 작용함으로 인해 **'거짓말은 하지 않았으니, 문제는 없어'**라고 생각하는 것 같습니다[3].

▷ '아무것도 하지 않는다'를 선택하고 마는 이유

어느 실험에서는 우리 아이에게 독감 백신을 접종할지 말지를 정해야 하는 가짜 상황을 참가자에게 설정했습니다. 그러자 '독감으로 사망할 가능성은 백신 접종으로 낮아진다'라는 것과 또 '백신 접종 때문에 사망할 가능성은 몹시 낮다'라는 것을 알고 있어도 참가자는 '접종'에 소극적이었습니다[4]. 이러한 경향은 다른 연구에서도 확인되었습니다. 비록 도움을 받은 사람이 희생자보다도 압도적으로 많다고 해도, **사람은 '죽음'의 위험이 조금이라도 있는 선택을 스스로 하고 싶어 하지 않습니다.**

제 4 장

신 념

신념
BELIEF

부정당하면 정색한다

백파이어 효과

반대 의견을 말하면 역효과가 나는 일이 있다

자신이 믿는 정보나 생각을 누군가에게 부정당하거나 잘못을 지적당했을 때, 당신이라면 어떻게 하겠습니까?

▷ 오히려 자기 생각을 고집한다

사람은 자신이 믿고 싶지 않은 정보나 자신에게 불리한 증거를 알면 **생각을 바꾸기보다 그것을 거부하고 당초의 생각이나 신념을 더 강화**하는 경우가 있습니다. 이를 '백파이어 효과'라고 합니다.

이 효과가 알려진 계기가 된 미국의 실험에서는, 우선 모든 참가자에게 조지 W 부시 대통령(당시)의 연설 기사를 읽게 했습니다. 이 연설은 대량 살상무기 보유를 근거로 이라크 전쟁을 정당화한다는 내용이었습니다. 그 후에 절반의 참가자에게만 '대량 살상무기는 없었다'라고 결론지은 보고서를 CIA가 발표한 기사를 보여주었습니다. 그러자, 두 번째 기사를 읽은 보수층 참가자는 기사를 읽지 않은 보수층보다도 '후세인은 발견되기 전에 대량 살상무기를 숨기거나 폐기했다'라는 설을 강하게 지지하는 경향을 보였습니다[1].

▷ 백파이어 효과가 일어나는 경우는 적다?

단, 그 후 연구에서는 백파이어 효과가 나타날 수 있는 경우는 한정적이라는 것이 보고되었습니다. 8,000명 이상을 대상으로, 총 36개의 정치적 문제를 다룬 실험 중 백파이어 효과가 발생한 것은 이라크의 대량 살상무기 보유에 관한 것뿐이었습니다[2]. 이 결과에서, 사실에 근거한 정보라면 비록 그 사람의 신념에 반하는 것이라 해도 귀를 기울이는 사람이 많다고 할 수 있을 듯합니다.

당신이 말한 것도 맞지만, 다른 생각도 있는 것 같아

그래?

상대의 의견을 일단 받아들인 후에 반론하는 쪽이 이야기에 귀를 기울여 줄지도 모릅니다.

클로즈업! 인지 편향 실험

양면 제시는 효과적인가?

상대방과 다른 의견을 전할 때는, 무조건 부정하지 말고 서로의 의견을 동시에 알려주고 나서 상대 의견의 문제점을 지적하면 상대가 쉽게 납득할지도 모릅니다.

설득에 관한 연구에서는 양면 제시가 효과적이라 알려져 있습니다. 양면 제시는 일방적으로 자신의 의견을 전하는 것보다, 반대 입장인 의견도 함께 제시하여 반론하는 것입니다. 예를 들어 금연을 촉진하고 싶은 경우, 흡연에 의한 장단점을 동시에 제시한 후, 장점을 부정하는 것이 효과적입니다[3].

신념

BELIEF

밴드왜건 효과

모두가 '찬성'한다면 나도 '찬성'해야겠지

어느 쪽으로 할지 결정 못 하고 있을 때는 다수가 지지하는 의견에 편승하고 싶어집니다.

▷ 유행에 뒤떨어지지 않으려고 한다

비즈니스 현장에서 자신의 의견이 애매할 때 다수파의 의견에 편승한 적 있지 않으세요? 또 줄이 늘어선 인기 음식점에 줄을 서서 기다려 보고 싶어지거나 유행하는 인기 상품을 갖고 싶어지거나 한 적은 없나요?

세상의 평판이나 유행에서 볼 수 있듯이, **많은 사람에게 지지를 얻은 물건이나 사람은 더욱 선택받기 쉽다**는 현상이 있습니다. 퍼레이드에서 악대를 태운 차량(밴드왜건)에 관중이 매혹되는 모습에 빗대어, 이렇게 '유리한 쪽에 편승하는' 현상을 '밴드왜건 효과'라고 합니다[1].

이 효과는 '친구와 같은 물건을 갖고 싶다', '무리에 들어가고 싶다'와 같은 욕구에서 생긴다고 합니다. 즉, 같은 물건을 가지고 있는 사람이 많을수록 자신도 그것을 가지는 것에 의한 만족도가 증가한다는 것입니다.

'B를 응원하는 사람이 적으니까, 나만이라도 응원해야지'라고 생각하는 때도 있습니다.

▷ 소수파를 지지하고 싶어지는 경우도 있다

밴드왜건 효과와 대조적으로 **소수파의 의견을 지지하고 싶어지는** 현상을 '언더독 효과'라고 합니다. 언더독은 '물리는 개*', '경쟁에서 진 쪽'이라는 의미입니다.

예를 들어, 선거 전 예측에서 열세라고 알려진 후보자가 예상 이상으로 표를 얻어서 대역전했다는 결과는 언더독 효과에 의한 것이라고 할 수 있습니다.

(* 역주: 물리는 개 – 투견 용어로 조련하는 개의 연습 상대가 되어 일부러 물리게 하는 개.)

🔗 관련된 인지 편향

스노브 효과

사람은 때로는 '다른 사람과 같은 물건은 가지고 싶지 않다'라는 욕구가 생기기도 합니다. 남과 다른 물건을 손에 넣음으로써 만족도가 높아지는 현상은 '스노브 효과'라고 합니다[2].

이처럼 타인의 의사 결정은 사물의 특성 그 자체가 훌륭한지가 아니라 타인의 의사 결정이나 행동 같은 외적인 영향에 의해서도 좌우됩니다.

누군가 이득을 보면 자기가 손해를 본다

제로섬 휴리스틱

'모두 평가가 좋다' 같은 건 있을 수 없다

자신보다 먼저 인사 평가를 받은 사람이 모두 'A 평가'를 받았다면, 자신의 평가는 분명 나쁠 것이라 생각하기 쉽습니다.

▷ 플러스마이너스의 합계는 분명 제로가 될 것이다

회사의 인사 평가가 상대 평가가 아니라는 것을 알고 있어도, 주변 사람이 높은 평가를 얻었다면 자신의 평가는 낮은 것이 아닌가 생각한 적 있지 않나요?

누군가가 이득을 보았다면 그만큼 누군가가 손해를 봐서 더하고 뺀 합계(SUM)가 제로가 되는 상황을 '제로섬'이라고 부릅니다.

인류는 옛날부터 한정된 자원으로 생활해 왔습니다. 그 때문에 실제로는 제로섬이 아닌 상황이라 해도 **누군가가 이득을 봤다면 그만큼 누군가가 분명 손해를 보았을 것**이라고 직관적으로 생각하기 쉽습니다. 이와 같은 생각을 '제로섬 휴리스틱'이라고 합니다.

'모두 인사 평가가 좋다'라는 결과가
나오기도 합니다.

▷ 성공은 타인의 희생을 발판으로 이루어진다?

제로섬 상황이라는 신념은, 절대 평가라는 것을 미리 확실하게 알고 있는 상황에서도 유지된다는 것이 실험을 통해 확인되었습니다[1].

그리고 실제로 상황이 제로섬이 아님에도 불구하고 상황을 제로섬이라고 가정함으로써 '타인이 성공한 탓에 내가 실패한 것이다'라고 시기하거나, 교섭할 때 '내가 이득을 얻으려면 상대방이 손해를 볼 수밖에 없다'라고 생각하는 일이 발생합니다. 그 결과, 다양한 장면에서 필요 없는 경쟁심이나 오해가 생기기도 합니다.

클로즈업! **인지 편향 실험**

이민 문제와 제로섬 휴리스틱

제로섬 휴리스틱은 이민 문제에도 영향을 미치고 있습니다. 캐나다인과 미국인을 대상으로 한 어느 연구에서는 '이민이 경제적인 이익을 높일수록 원래 여기 살고 있는 캐나다인/미국인은 경제적으로 손해를 본다'는, 이민에 대한 제로섬 신념의 강도를 측정했습니다. 그러자 이민에 대한 제로섬 신념이 강한 사람일수록 이민에 대해 부정적인 태도를 보이고 접촉을 피한다는 것이 밝혀졌습니다[2].

신념

BELIEF

제삼자 효과

자신 이외에는 미디어의 영향을 받기 쉽다

사람은 미디어의 정보를 곧이곧대로 받아들이는 것은 나 이외의 '제삼자'라고 생각하기 쉽습니다.

▷ 제삼자는 미디어의 영향을 받는다

사회학자인 필립스 데이비슨은 매스미디어의 정보를 접했을 때 '**나는 미디어의 정보에 영향받지 않지만, 다른 사람(제삼자)은 영향을 받을 것이다**'라고 생각하는 것을 '제삼자 효과'라고 이름 붙였습니다[1].

이 효과를 검정하기 위해서 데이비슨은 1978년 뉴욕 시장 선거에서 보도가 미친 영향과 어린이에 대한 텔레비전 광고의 영향 등 4개의 주제에 관해 조사를 실시했습니다. 자신에게 미치는 영향과 타인에게 미치는 영향에 대해 질문했을 때, 어느 주제에서나 타인에게 미치는 영향력을 더 크게 책정한다는 것을 알 수 있었습니다. 이후에도 이와 같은 경향은 다양한 주제에서 반복 확인되었습니다.

헛소문을 믿은 사람이 사재기하기 전에 사둘까

'그건 헛소문이다'라고 생각해도 자기 행동이 변하는 일이 있습니다.

▷ 결과적으로 자기 행동도 좌우된다

타인에 대한 미디어의 영향을 과하게 인식함으로써, 결과적으로 **자기 행동이 좌우되는** 경우가 있습니다.

예를 들어 '휴지가 품절될 것이다'라는 헛소문이 돌고 있다는 것을 뉴스에서 듣는다면, '그건 헛소문이다'라고 생각해도 '다른 사람은 헛소문을 믿고 사재기를 할지도 모른다. 그렇게 되기 전에 나도 사두자'라고 생각해 휴지를 사러 달려갈지도 모릅니다. 이 때문에 아무도 헛소문을 믿지 않았다고 해도 매장에서 휴지가 품절되는 현상이 발생하는 것입니다.

🔗 관련된 인지 편향

역 제삼자 효과

제삼자 효과는 미디어가 전달하는 메시지가 '바람직하지 않은' 경우에 현저하게 나타납니다.
이와 반대로 사회나 자신에게 바람직한 메시지를 접한 경우는 '역 제삼자 효과'가 발생하기도 합니다. 공공성이 있거나 건강 증진 등을 목적으로 하는 미디어 보도에서는 자타에 영향을 미치는 기준에 차이가 없거나 타인보다 자신이 영향을 받기 쉽다고 생각하는 경향이 보고되고 있습니다[2].

신념

BELIEF

순진한 실재론

당연히 다른 사람들도 나랑 같은 의견이겠지?

사람은 '자신이 합리적인 판단을 했기 때문에 주변 사람도 같은 의견일 것이다'라고 생각하기 쉽습니다.

▷ 나는 현실을 객관적으로 보고 있다

다수결을 채택했더니 자신의 예상과 실제 결과가 달라서 놀란 적 없나요? 이는 현실 인식 방법에 관한 어찌보면 순진할 수도 있는 신념이 영향을 미치고 있기 때문입니다. 이 신념을 '순진한 실재론'이라고 합니다[1].

순진한 실재론에는 **'자신은 현실을 객관적으로 보고 있으며, 자신의 의견은 얻은 정보를 그대로 냉정하고 공평하게 음미한 결과다'**라는 자신에 관한 신념과, '같은 정보를 접하고 똑같이 합리적으로 검토했다면 **다른 사람들도 나와 같은 의견일 것이다'**라는 타인에 대한 신념이 모두 포함됩니다. 즉 우리는 자신은 옳고, 그 옳음을 다른 사람과도 공유할 수 있다고 순진하게 믿고 있는 것입니다.

▷ 의견이 다른 것은 상대방에게 문제가 있기 때문?

순진한 실재론에는 다른 사람과의 의견이 엇갈릴 때의 이유에 관한 신념 또한 포함하고 있습니다. 의견의 엇갈림을 경험했을 때, 우리는 '분명 이 사람은 나와 다른 정보를 봤구나.', '이 사람은 합리적인 사고를 하지 못하는 사람이구나'라고 생각합니다. 또 '이 사람은 자신의 주장이나 이익을 위해 일그러진 시선을 가지고 있다'라고 생각하는 일도 있습니다.

이처럼 **자신과 의견이 엇갈리는 것은 상대방에게 문제가 있기 때문이라고 여기는 신념**은, 때로는 타인과의 사이에서 대립을 낳는 원인이 됩니다.

자신의 의견에는 의문을 품지 않고 다른 사람의 사고방식이 이상하다고 판단하는 일이 있습니다.

클로즈업! **인지편향 실험**

시점의 차이가 해석의 차이를 가져온다

1951년에 열린 다트머스대학과 프린스턴대학의 풋볼 시합은, 시작 직후부터 부상자가 속출해 심판의 경고가 난무하는 아주 거친 시합이었습니다. 후일, 이 시합을 소재로 다음과 같은 연구가 시행되었습니다. 우선 양쪽 학교 학생들에게 시합 영상을 보여주고 시합 중에 생긴 규칙 위반과 그 격렬함의 정도를 평가하게 했습니다. 그러자 서로가 다른 관점에서 시합을 해석해 상대 팀을 비난하고 있다는 사실을 알 수 있었습니다. 게다가 양쪽 학교의 의견이 다른 것을 알면 '자신과 상대방이 보고 있는 영상은 분명 다를 것이다'라는 순진한 실재론에 근거한 주장이 나타났습니다[2].

신념
BELIEF

적대적 매체 효과

> **미디어는 저쪽 정당의 편을 들고 있다….**

중립적인 선거 보도라 해도 '이 보도는 특정 정당의
의견에 너무 치우쳐 있는 것은 아닌가?'라고 느끼는
경우가 있습니다.

🔗 관련된 인지 편향

미디어 시니시즘

보도 방법에 따라서도 시청자의 인상은 달라집니다. 사회 문제나 그 해결책과 같은 정책 논쟁보다도 후보자 간의 대립이나 선거전에서의 전략에 초점을 맞춘 보도는 유권자의 정치에 대한 시니시즘(냉소적인 태도)뿐만 아니라 보도 기관에 대한 시니시즘도 증대시킬 가능성이 지적되고 있습니다[1]. 또 '보도가 편향되어 있다'라고 생각하는 적대적 미디어 인지가 높은 사람일수록 보도 기관 전반에 대한 불신감도 높다는 연구 결과도 있습니다[2].

▷ '편향된 보도'라고 느끼는 이유는?

선거 보도를 보고 있을 때, '이 방송은 항상 편향된 보도만 하고 있다'라고 생각한 적은 없나요? 자신과는 반대 입장, 즉 적대하는 입장에 미디어 보도가 편중되어 있다고 생각하는 것을 '적대적 매체 효과'라고 합니다.

'순진한 실재론'(142p)에서 설명한 것처럼 우리는 자신이 현실을 객관적으로 올바르게 인식하고 있다고 생각합니다. 그리고 자신과는 다른 입장의 의견은 부정확하고 왜곡되어 있다고 간주하기 쉽습니다. 그 때문에 양쪽 의견을 균형 있게 포함한 중립적인 보도가 이루어지고 있어도 거기에 자신과 다른 입장인 의견이 포함되어 있다면 '편향된 보도'라고 느끼는 것입니다.

▷ 같은 뉴스를 보고 있을 텐데

이 편향에 관해 '이스라엘계 민병대에 의한 팔레스타인 학살 사건' 뉴스를 소재로 한 실험이 시행되었습니다. 완전히 똑같은 뉴스 영상을 대학생에게 보여준 후, 친 이스라엘파 학생은 '반 이스라엘에 편향된 보도다'라고 평가한 것에 반해, 친 아랍파 학생은 '반 아랍에 편향된 보도다'라는 정반대의 평가를 했습니다[3].

또한 이러한 편향은 다양한 화제에서 나타났습니다. 또 이 화제에 관심을 가지고 강하게 연관된 사람일수록 편향이 강하게 나타났습니다[4].

A당에 편향된 보도 뿐이야

B당

신념
BELIEF

'일본인'은 성실하잖아

스테레오 타입

은행원이라고 하면 '성실하고 깔끔하게 차려입은 복장',

방송계에서 일하는 사람이라고 하면 '약간 껄렁껄렁해 보이고 캐주얼한 복장'이라는 이미지를 떠올리지 않습니까?

▷ 집단의 이미지에 사람을 맞추다

은행원은 '성실하고 신경질적일 것 같다'던가, 방송 업계에서 일하는 사람은 '밝고 요령이 좋다'처럼 직업을 듣기만 해도 성격을 떠올리는 일이 있지 않나요? 그외에도 '여성은 기계를 잘 다루지 못한다', '이탈리아 사람은 쾌활하다' 등 일방적으로 단정짓고 있는 것이 있을지 모릅니다.

이처럼 **직업, 성별, 인종, 외모적 특징 등 다양한 카테고리에서 구별된 집단이나 그 멤버에 대한 고정관념(생각)**을 '스테레오 타입'이라고 합니다.

어원은 스테로판(납판)이라는 인쇄 기술로, 변형되어 '틀을 이용해 인쇄된 것과 비슷한 것'을 의미합니다.

▷ 일방적으로 단정짓는 것이 편견이나 차별을 낳는다

예를 들어 '일본인'이라고 하면 어떤 것을 연상할까요? 어느 조사에서는 '자기주장이 없다', '개성이 없다', '성실하다', '일하는 사람'과 같은 단어가 공통으로 거론되었습니다[1].

스테레오 타입의 관점은 **그 집단을 잘 알고 있는가 여부와 상관없이 생기는 것**으로, 정보를 과도하게 단순화하고 있다고 이야기할 수 있습니다. 알기 쉬운 반면, **개인을 집단의 특성으로 단정짓는** 경우가 있으며, 이는 틀릴 수도 있습니다.

자신을 스테레오 타입 관점에서 단정짓는다면 어떨지 생각해 보거나, 자신이 발언할 때 그와 같은 관점에 빠져 있지 않은지 생각해 보는 것도 때로는 필요할지도 모릅니다.

구직활동을 할 때는 '○○대학', '○○학부'와 같은 스테레오 타입에 맞춰 능력이나 인품 등이 평가되는 일이 있습니다.

🔗 관련된 인지편향

앰비벌런트 스테레오 타입

스테레오 타입은 능력과 인품 두 가지 측면에서 파악할 수 있습니다[23]. 단, 두 측면이 모두 높은(혹은 낮은) 경우는 드물고, 한쪽 측면이 높아지면 다른 한쪽이 낮아지는 것(예를 들어 '정치가는 유능하지만, 인품은 좋지 않다'라는 이미지)가 일반적입니다. 이처럼 두 가지 측면에서 상반된 평가가 공존하는 스테레오 타입을 '앰비벌런트(양면적인) 스테레오 타입'이라고 합니다.

신념
BELIEF

도덕적 허가 효과

도덕성 없는 행동에 대해서 면죄부를 받은 듯한 기분이 들 때가 있습니다.

▷ 노력한 후에는 멋대로 굴어도 된다?!

평소에 다른 사람을 위해서 노력하고 있으면, 때로는 조금 멋대로 굴어도 괜찮지 않나 생각하기도 합니다. 이처럼 **'선한 행위 후에는 악한 행위를 해도 괜찮다'라는 보증이나 허가증을 받은 듯한 기분이 들어서 선한 행위가 억제되거나 악한 행동을 하기 쉬워지는 현상**을 '도덕적 허가 효과'라고 합니다.

어느 실험에서는 타인을 도운 경험을 떠올리게 한 후에, 이후 1개월 동안 자선 사업에 기부하거나 봉사활동을 할 가능성에 대해 물었습니다. 그러자 특별히 아무것도 하지 않은 보통날을 떠올리게 했을 때 비해, 이러한 '사회적으로 바람직한 행동'을 할 의도가 적다는 것을 알 수 있었습니다[1].

▷ 악한 행위를 선한 행위로 상쇄한다

악한 행위 후에는 선한 행위가 일어나기 쉽다는 반대 경향도 있습니다.

앞의 실험에서는 '선한 사람을 원조한 경험' 대신에 '타인을 이용한 경험'을 떠올리게 하자, '사회적으로 바람직한 행동'을 적극적으로 하려는 의도를 볼 수 있었습니다. **선한 행위를 함으로써 자기 이미지 회복을 도모하고 있다**고 할 수 있습니다.

인간은 도덕적으로 '선'으로 있고 싶다고 바라는 한편, '사회적 규칙에 얽매이지 않고 자유롭게 살고 싶다'라는 욕구도 가지고 있습니다. 도덕적 허가 효과는 이러한 마음의 작용에 기인한 것입니다.

나는 항상 열심히 일하고 있다고!

항상 성실하게 일하고 있으면, 조금 칠칠치 못한 모습을 보여도 괜찮다고 생각합니다.

제4장

신념

클로즈업! 인지 편향 실험

소비 행동에서의 도덕적 허가 효과

도덕적 허가 효과는 소비 행동을 할 때도 발생합니다. 예를 들어 봉사활동 등 남을 위해 선한 행위를 하는 것을 상상한 후에 상품을 선택하게 하면, 일상생활에 필요하지 않은 사치품을 선택하기 쉽다는 것이 보고되었습니다[2]. 선한 행위를 한 후에는 이기적, 찰나의 소비를 하기 쉬워지는 듯합니다.

신념

BELIEF

후광 효과

웹사이트가 멋있는 회사는 신용할 수 있다?

일부의 좋은 면만 보고 '모든 것이 훌륭할 것'이라 믿는 경우가 있습니다.

▷ 일부를 보고 '모든 것이 좋다'라고 생각하고 만다

세련되고 기능적인 웹사이트를 보고, 제대로 일을 하는 회사일 것이라는 인상을 가진 적 있지 않으세요?

우리는 사람이나 사물의 뛰어난 일부분만 보고 모든 것이 뛰어날 것이라 판단하는 일이 있습니다. 이를 '후광 효과'라고 하며, 사람이나 사물의 눈에 띄는 특징에 의해, 그 특징을 포함한 모든 것이 그 특징의 방향으로 평가되는 현상을 말합니다. '헤일로(halo)'가 종교화 등에서 성인의 배후에 그려져 있는 광배를 가리키고 있어서 '광배 효과'라고도 부릅니다.

겉모습으로 사람을 판단해서는 안 됩니다.

▷ 겉모습으로 판단하는 것은 위험하다

심리학자 에드워드 손다이크는 제1차 세계대전 중 군대의 지휘관에게 부하의 체격, 지성, 리더십, 성격의 네 가지 자질에 관해 평가하도록 의뢰했습니다. 그러자 네 가지 자질을 개별로 평가하도록 미리 지시했음에도 불구하고 '체격' 평가는 '지성', '리더십', '성격'의 평가 사이에 높은 상관관계가 있다는 것을 보여주었습니다.

이는 **'체격이 좋다'라고 평가받은 사람은 '지성도 리더십도 성격도 전부 우수하다'라는 관점**이 작용했기 때문입니다. 손다이크는 같은 시기에 행한 대기업 사원을 대상으로 한 평가 조사에서도 군대와 같은 결과를 볼 수 있었다는 것을 보고했습니다[1].

클로즈업! 인지 편향 실험

매력적이라면 형벌이 가벼워진다?

어느 실험에서 참가자는 강도 사건과 사기 사건의 설명문을 읽고 판결을 하도록 지시받았습니다. 그러자 강도 사건에서는 매력이 없는 피고보다 매력적인 피고에 대해 관대한 판결이 내려졌습니다. 그러나 사기 사건에서는 그러한 결과는 볼 수 없었습니다[2]. 강도 사건에서는 '이렇게 매력적인 사람이 강도 사건이라니, 무언가 이유가 있을지도 몰라'라는 생각이 작용했고, 사기 사건에서는 '자신의 매력을 이용해 범죄를 저지르다니'라는 생각이 작용했을 것이라 추측됩니다.

신념

BELIEF

나는 비교적 잘생긴 편이라 생각한다

평균 이상 효과

항상 남보다 뛰어난 인생을 살아왔다

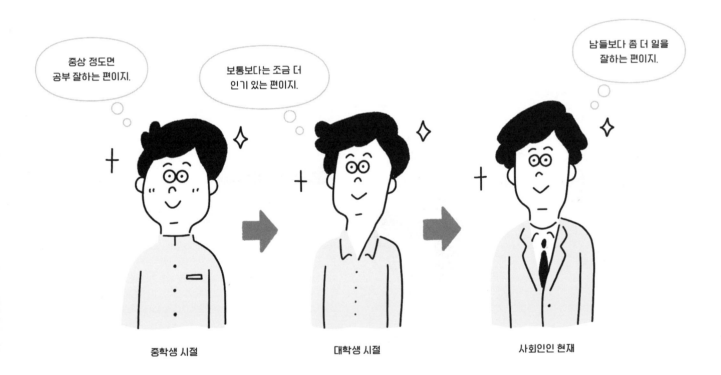

▷ 나는 '평균 이상이다'라는 환상

당신은 회사에서 일을 잘하는 편인가요? 자신만만하게 '잘 한다'고까지는 말하지 못하더라도 **'뭐, 남들 만큼은 하는 편이다'** 라고 자부하는 사람이 많지 않나요?

프랑스의 조사에서는 비즈니스 매니저의 90%가 자신의 전문성에 관해 평균적인 동료보다 뛰어나다고 평가했다고 합니다. 다른 나라의 조사에서도 '나는 평균 이하다'라고 평가한 것은 단 1%였습니다. 또 미국의 조사에서는 외과의사 대부분은 자신이 담당하는 환자의 사망률은 평균보다도 낮다고 생각했습니다[1].

어떤 특성이나 능력에 있어서 자신은 평균적인 타인보다 뛰어나다고 생각하는 것을 '평균 이상 효과'라고 합니다.

▷ '나는 남보다 운전을 잘한다'는 착각

평균 이상 효과는 유럽과 미국에서는 윤리관, 지성, 인내력, 매력, 건강, 운전 등 다양한 면에서 실증되었습니다. 일본과 같은 나라에서는 유럽과 미국만큼 확실한 결과는 나타나지 않는 듯합니다.

평균 이상 효과에는 **이기적 편향이나 자기 고양적 편향이라는, 자신을 긍정하는 편향이 관련 있다**고 여깁니다. 그러나 그뿐 아니라 자신에게 초점을 맞춘 판단의 과정도 관련되어 있다고도 이야기하고 있습니다[2].

즉, **자신에게 과도하게 주목함**으로써 타인과 자신을 비교하고 '타인보다 우수하다' 혹은 '열등하다'(오른쪽의 '관련된 인지 편향' 참조)라고 판단하는 것입니다.

매출 순위는
평균 이하일지도….

'평균 이상 효과'와는 반대로 '평균 이하 효과'가 나타나는 경우가 있습니다.

제4장
신념

🔗 관련된 인지편향

평균 이하 효과

평균 이상 효과와는 반대로 자신의 특성이나 능력이 평균적인 타인보다 열등하다고 생각하는 것을 '평균 이하 효과'라고 합니다. 예를 들어 자신에게 있어서 전문성이 높은 영역의 스킬에는 평균 이상 효과가 나타나고, 낮은 영역의 스킬에는 평균 이하 효과가 나타나는 일이 있습니다[3]. 평균 이하라고 판단하는 것은, 자기중심적으로 생각한다 해도 '자신의 전문 분야가 아니면 타인의 역량과 충분히 비교할 수 없다'라고 느끼기 때문일지도 모릅니다.

신념

BELIEF

난센스 수식 효과

사람은 수학적 요소가
포함된 쪽을 평가한다

그럴듯한 수치나 수식이 쓰여 있으면, 왠지 모르게
가치가 높은 것 같다는 생각이 듭니다.

▷ 수식이 있는 것만으로 평가가 올라간다

당신이 새로 기획한 프레젠테이션을 할 때, 근거가 되는 수치나 수식을 넣는 편이 설득력이 높아질 것입니다. 설사 그것이 무의미한 일이어도 **수학적 요소를 넣기만 하면 평가가 확 올라갈지도 모릅니다.**

어느 실험에서는 대학원 학위를 가지고 있는 참가자에게 두 개의 연구 논문(진화인류학과 사회학) 요약을 보여주고, 연구의 질을 평가하게 했습니다. 이때, 한쪽 논문 마지막에 '축자적 효과를 설명하기 위한 수리 모델이 제안되어 있다'라는 한 문장과 함께 수식을 덧붙였습니다.

사실, 이 수식은 관계없는 논문에서 빌려온 것이라 전혀 의미가 없었지만, 수식을 붙인 논문 쪽이 질이 높다는 평가를 받았습니다[1].

▷ 수학에 약한 사람일수록 맹신한다

이처럼 설명문 속에 수치나 수식 같은 수학적 요소가 포함되어 있으면, 그것이 **전혀 의미 없는 것이라 해도 설명문의 전체적인 가치가 높다고 잘못 판단합니다.** 이를 '난센스 수식 효과'라고 합니다.

앞의 실험에서는 논문이 다루고 있는 내용과 관계없이, **수학적 요소가 있다는 점이 높은 평가를 얻는 데 중요**하다고 여겨졌습니다. 그리고 이와 같은 맹목적인 수학 신앙은 인문과학이나 사회과학 등 수학, 이학, 공학에 익숙하지 않은 학문 분야의 사람에게서 강하게 나타났습니다[1].

행복의 메커니즘을 연구

대니얼 길버트

Daniel Gilbert	1957 ~

미국의 사회심리학자. '감정 예측(미래의 사건에 대한 감정 상태를 예측하는 것)'의 연구의 일인자입니다. 미래의 사건에 관한 감정을 예측하면 실제로 느낄 때보다도 과대평가하는 경향이 있다는 것을 확인한 연구 등으로 유명합니다.

 주요 저서

- 《행복에 걸려 비틀거리다(Stumbling on happiness)》(김영사, 2006)

관련된 인지 편향

'충격 편향'(62p) 등

제 **5** 장

분명, 이 탓이야

인과에 관련된 편향

CAUSALITY

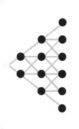

우리는 사건의 원인을 '그건 ○○ 탓'이라고 자신에게 유리하게 해석하기 쉽지만,
사실 거기에 인과 관계가 없는 경우도 있습니다. 자기도 모르는 사이에
원인을 잘못 이해하는 인지 편향에 빠져있을지도 모릅니다.

인과
CAUSALITY

두근거리는 것은 좋아하니까?

오귀속

현수교에서 싹튼
사랑은 가짜?

흔들흔들 흔들리는 현수교 위에서 매력적인 이성을 만났을 때가.
단단히 고정된 다리 위에서 만났을 때보다 상대방에게 호의를 갖
기 쉬울지도 모릅니다.

롤러코스터에서도 오귀속은 일어난다?

'현수교 실험'과 비슷한 이런 실험도 있습니다. 유원지에서 롤러코스터를 타려고 기다리고 있는 남녀와 롤러코스터를 다 탄 남녀 각각에게 이성 사진을 보여주고, 매력적인지를 질문했습니다. 그러자 남녀 모두 승차 후에 사진의 이성을 매력적이라고 평가한 것입니다. 그러나 동승자가 연인이나 배우자일 때는 동승 전의 사람과 동승 후의 사람 모두 매력도에 차이가 없었습니다. 참고로 동승자의 매력을 물었을 때, 동승 후 쪽이 낮은 경향을 보였습니다. 땀이나 머리카락의 흐트러짐 등에 의해 신체적 매력도가 떨어졌기 때문이 아닐지 추측하고 있습니다[1].

▷ 사람은 그 감정의 원인을 착각하는 일이 있다

마음에 두지 않았던 사람을 우연히 사고 현장에서 만나면 두근거려서 '실은 좋아하는 건가'하고 생각할지도 모릅니다.

'현수교 실험'이라 알려진 실험은 캐나다의 높이 70미터 이상의 흔들다리에서 시행되었습니다. 매력적인 여성이 지나가던 남성에게 조사에 협력을 요청하고 마지막에 '나중에 자세히 실험에 대해 설명하고 싶다'라고 말하며 전화번호를 건넸을 때 받아 든 18명 중 9명이 전화를 걸어왔습니다. 한편, 튼튼하게 고정된 다리 위에서 같은 실험을 한 경우는 16명 중 2명이 전화를 걸었습니다[2]. 불안정한 현수교를 건널 때는 공포로 인해 두근거리는 경우가 있습니다. 이럴 때 매력적인 여성이 말을 걸면, 이러한 생리적 흥분이 **그 여성을 향한 호의에서 생겼다고 착각**하는 일이 생깁니다.

모든 일의 원인을 추측하는 과정을 심리학에서는 원인 귀속, 혹은 단순히 귀속이라고 합니다. 그리고 이 예시처럼 원인을 잘못 파악하는 현상을 '오귀속'이라고 합니다.

▷ 원인을 잘못 파악하는 일이 일어나지 않는 경우

오귀속은 잘못 이해한 원인이 그럴듯한 것이 아니면 일어나지 않습니다. 예를 들어 '현수교 실험'에서는 남성 조사자가 지나가던 남성에게 협력 의뢰를 한다는 실험도 행해지고 있습니다. 그 경우에는 현수교에서도 고정된 다리에서도 전화를 걸어오는 사람은 거의 없었다는 점에서 **오귀속은 일어나지 않았다**고 생각할 수 있습니다.

아, 안녕하세요.

 인과
CAUSALITY

병은 마음에서부터

플라세보 효과

잠이 깬 것은 커피 덕분?

고마워! 가져다준 커피 덕분에 잠이 깼어!

디카페인인데…

'효과가 있다'라고 생각해서 마시거나 먹거나 하면, 진짜 효과 있는 성분이 들어있지 않아도
확실하게 효과가 있는 듯한 느낌이 드는 경우가 있습니다.

▷ 어?! 디카페인이었어?

커피를 마셔서 '잠이 오지 않는다'라고 생각했는데 실은 디카페인이었다거나, 기침을 멈추는 알약을 먹어서 '기침이 멈췄다'라고 생각했는데 실은 실수로 위장약을 먹었거나…. 이처럼 실제로는 유효 성분이 들어있지 않은 음료나 약이라고 해도 **'효과 있다'라고 생각하고 먹으면 진짜 증상이 개선되는 경우**가 있습니다. 이 현상을 '위약 효과' 또는 '플라세보 효과'라고 부릅니다. '플라세보'는 영어로 please와 같은 어원으로, 라틴어로 '기쁘게 하다'라는 의미의 단어에서 유래했습니다.

▷ 플라세보 효과는 기대에 의해 생긴다

의료 현장에서의 플라세보 효과는 약의 효능에 대한 환자의 기대에 의해 생긴다고 합니다. 기대는 과거의 경험이나 타인의 치료 경과 관찰, 치료에 관한 설명 등에 의해 만들어집니다. 또 의료 제공자의 태도나 감정, 대화의 스타일 등에서도 강하게 영향을 받는다는 것이 보고되고 있습니다[1].

그래서 신약 개발에서는 '이중맹검법'이라는 시험 방법이 사용됩니다. 참가자를 랜덤으로 두 그룹으로 나누고, 동시에 같은 기간 동안 한쪽에는 위약, 다른 한쪽에는 신약을 투여해 결과를 비교했습니다. 이때 기대 등의 편향이 결과에 영향을 미치지 않도록 어느 쪽이 위약을 먹는 그룹인지 의사에게도 참가자에게도 알리지 않고 시험을 실시했습니다. 이 방법으로 명백하게 위약을 넘어선 효과가 인정된다면 신약이 승인되는 것입니다.

이 약의 효능은…

제대로 설명을 듣고 효능을 이해하고 복용하면 '약효'가 높아집니다.

🔗 관련된 인지 편향

노세보 효과

플라세보 효과와는 대조적으로, 부작용을 걱정하는 환자에 의해 위약인데 실제 약과 같은 부작용이 나타나는 것을 '노세보 효과'라고 합니다. 노세보의 어원도 라틴어로 '해하다'라는 뜻입니다.
이중맹검법 도중에 위약을 투약한 참가자에게 부작용이 나타난 것이 노세보 효과가 처음으로 보고된 사례입니다[2].

성공은 내 덕분, 실패는 주변의 탓

이기적 편향

성공한 것은 자신의 노력 덕분

실패했을 때는 문제의 난이도나 운 탓을 하고 성공했을 때는 자기 능력이나 노력 덕분이라 생각하기 쉽습니다.

▷ 실패의 원인을 자신 외의 것에서 찾는다

시험에 합격하거나 일이 잘 풀리면 우리는 '자신의 능력이 뛰어났기 때문', '열심히 노력했으니까'라는 생각을 하기 쉽습니다. 그러나 반대의 경우가 일어났을 때는 '능력 부족이었으니까', '열심히 노력하지 않았으니까'라고는 그다지 생각하지 않습니다. 오히려 일이 잘 풀리지 않은 것은 '시험이 어려웠기 때문에', '상담 상대가 나빴기 때문에'라고 생각하지 않을까요?

이처럼 **성공의 이유를 능력이나 노력과 같은 자신의 내적 요인에서 찾고, 실패의 원인을 자신 외의 타인이나 환경에서 찾는 것**을 '이기적 편향'이라고 합니다.

▷ 기대한 대로의 결과는 내 덕분

사람은 실패보다 성공할 것을 기대하고 행동합니다. 그 때문에 성공했을 때는 '자기 능력(내적 요인) 덕분'이라고 생각하고, 실패했을 때는 기대에 반하기 때문에 '자신 외(외적 요인)의 탓'이라고 생각합니다. 또 **성공한 것을 자신의 공헌으로 삼음으로서 타인에게 자신의 긍정적인 이미지를 보이려고 하는 동기**가 관련되어 있다는 설도 있습니다[1].

이기적 편향은 누구에게나 일어날 수 있으며 **정신 건강과도 관련이 있습니다.** 이 편향이 있기 때문에 우리는 자존감을 잃지 않고 평온한 마음으로 긍정적으로 하루하루를 보낼 수 있다는 측면도 있습니다.

같은 우승자인데 서양인과 일본인은 코멘트가 크게 다른 경우가 있습니다.

클로즈업! 인지 편향 실험

이기적 편향에는 문화 차이가 있다?

일본인에게는 이기적인 것과 반대로 원인을 자기비하적으로 생각하는 경향이 있는 듯합니다. 이러한 경향은 문화 차이뿐 아니라 자기 본연의 자세(자기 개념)의 차이와도 관련이 있다고 합니다[2]. 집단에 소속되어 있거나 타인과 협조를 유지함으로써 긍정적인 자기 이미지를 가진 사람은, 자신보다 타인에게 초점을 맞춥니다. 그 때문에 서로의 자존감을 높이는 관계를 우선시하며 성공의 원인을 생각할 수 있습니다. 거기서 위의 일러스트와 같은 코멘트가 나오기도 하는 것입니다.

시점이 변하면 원인도 바뀐다?

행위자–관찰자 편향

자신의 실패는 주변의 탓
타인의 실패는 그 사람의 탓

자신이 '행위자'인지 '관찰자'인지에 따라 사물을
보는 시점이 달라집니다.

그 데이터
어디에 뒀더라?

이번 주는 업무를 잔뜩
부탁받았으니까….

타인의 처지가 되면 원인은 달라진다

관찰자라고 해도 행위자의 시점에 서면, 행동의 원인을 타인의 능력이 아니라 상황에 귀속한다는 보고가 있습니다. 어느 실험에서는 비디오 속 인물의 '감정'을 상상하고 공감하며 관찰하는 참가자와, 그 인물의 '동작'에 주의해 관찰하는 참가자로 나눴습니다. 그리고 비디오를 감상한 후 인물의 행동 원인을 추측하도록 한 결과, 공감적으로 감상한 참가자는 동작을 관찰한 참가자보다 원인을 상황에 귀속하는 경향이 강하다는 것이 밝혀졌습니다[1].

다음 날···

그 데이터 어디에 뒀더라?

정리 정돈이 되지 않는 녀석이네!

▷ 행위자와 관찰자에 따라 원인의 귀속이 다르다

자신이 데이터를 잃어버리거나 물건을 망가트렸을 때는 '일이 많아서', '이런 곳에 물건이 놓여있었으니까' 등의 상황이나 대상의 탓을 하지만, 타인이 같은 일을 했을 때는 '정리 정돈이 안 되니까', '덤벙대니까' 등의 그 사람의 능력이나 성격, 노력 부족 탓을 한 적 있지 않나요?

자신이 행위자일 때는 상황에 원인이 있다고 생각하고, 관찰자일 때는 행위자의 내적 요인에 원인이 있다고 생각하는 것을 '행위자─관찰자 편향'이라고 합니다.

▷ 시점과 정보의 차이가 편향을 일으킨다

행위자와 관찰자 사이에 원인의 귀속이 다른 이유로, 다음 두 가지가 있습니다.

하나는 **양쪽의 시점이 다르다**는 것입니다. 행위자는 주변의 모습만을 보고 행동하기 때문에 주변에서 눈에 띄는 상황이나 대상에 원인을 귀속하기 쉽습니다. 한편 관찰자는 인물과 주변이 그려진 그림을 감상하듯 행위자를 '주변 속 인물'로 보기 때문에 남에게 원인을 귀속하기 쉽습니다.

다른 하나는 **이용할 수 있는 정보의 차이**입니다. 행위자는 자신의 과거 행동에 관한 정보와 현재 행동을 비추어 생각할 수 있습니다. 한편, 관찰자는 그러한 정보를 가지고 있지 않기 때문에 자신이 눈으로 본 행동에서 쉽게 추측할 수 있는 그 사람의 능력이나 성격 등에 원인을 귀속하는 것입니다[2].

인과
CAUSALITY

우리들은 대단해

내집단 편향

자신과 '같은 집단'의 사람이라는 것을 알면 우대하고 만다

자신과 출신지가 같거나 같은 대학을 나왔다는 것만으로 그렇지 않은 사람보다 유능하다고 느끼는 일이 있습니다.

▷ 어느 한쪽을 고른다면 '연고가 있는 쪽'을 고른다

채용 면접에 응시한 2명의 경력이 비슷해서 어느 쪽을 채용할지 망설이던 중, 그중 한 명이 마침 당신과 같은 지역 출신이었습니다. 자, 당신은 어느 쪽을 채용하겠습니까? 조건이 거의 같다면 같은 지역 출신에게 마음이 기우는 사람이 많을지도 모릅니다.

사람은 실제로는 그렇게 차이가 없음에도 불구하고 **자신과 같은 집단(내집단)에 속한 구성원의 능력을 그 외의 집단(외집단)에 속한 구성원보다 높게 평가**하거나 우대하는 경향이 있습니다. 이렇게 '연고가 있는 쪽을 등용하는 것'을 '내집단 편향'이라고 합니다.

▷ 연고 있는 쪽을 고르는 건 자신의 평가를 높이기 위해?

보수를 분배하는 실험에서는 무의미한 기준으로 무작위로 나눈 익명의 참가자에 의한 집단이라 해도, 사람은 자신이 소속된 내집단 쪽에 더 많은 보수를 나눠준다는 것을 알 수 있었습니다[1].

애초에 사람은 '저는 ○○을 잘합니다'라고 하는 개인적인 특징 외에 '나는 ○○사의 사원입니다'처럼 소속되어 있는 집단과 관련된 사회적 특징도 가지고 있습니다. 그리고 그 소속 집단의 특징을 자신은 어떤 인간인가 하는 '자기 개념'의 일부로 받아들이는 것입니다.

즉, **자신이 소속된 집단의 우월성을 높이면, 그 집단에 소속되어 있는 자신의 가치도 간접적으로 높이기 때문에** 내집단 편향이 일어난다고 생각할 수 있습니다.

○○대학 후배인가! 잘 부탁하네!

하하하

휴

'같은 집단'이라는 것을 알게 되면 호의적인 태도가 됩니다.

🔗 **관련된 인지 편향**

검은 양 효과

내집단의 멤버 중 익숙하지 않은 사람이 있으면 사람은 그 상대를 비하하거나 배제하거나 하는 경향이 있습니다. 마음에 들지 않는 내집단 멤버는 나와 연고가 있는 대상이 되지 않으며, 오히려 차별받는 경향이 있다는 것은 실험에서도 확인되었습니다[2]. 이러한 현상은 하얀 양 무리에 한 마리의 검은 양이 섞여 있으면 배제된다는 성서의 고사를 따와 '검은 양 효과'라고 불립니다.

인과
CAUSALITY

피해자 비난

소매치기를 당한 것은 본인 잘못이죠

그 사람의 책임이 아닌데도 '당신의 잘못이다'라고 비난하는 일이 있습니다.

▷ 피해자인데 비난받는 것은 왜일까

불운하게 사건이나 사고에 말려든 사람은 '피해자'이며 그 사람은 아무런 잘못도 없습니다. 그럼에도 불구하고 **피해자에게도 무언가 잘못이 있는 것처럼 그들이 비난받는 경우**가 있습니다. 이를 '피해자 비난'이라고 합니다.

우리는 어린 시절부터 경험을 통해 세계는 공정하고 안전하며 갑자기 불운한 일을 당하지 않을 것이라는 신념(공정한 세상 가설 – 오른쪽 아래의 '관련된 인지 편향' 참조)을 가지고 있습니다. 그러나 현실에서는 그 신념이 위협받는 듯한 사건이나 사고가 일어나기도 합니다. 그때 우리는 '피해자가 나쁜 일을 해서 벌을 받은 것임에 틀림 없어'라는 인과 응보적인 생각을 근거로 피해자를 비난하는 일이 있습니다. 그렇게 함으로써 원래 자신의 신념을 유지하려고 하는 것입니다.

SNS에 고민을 올리면 '자기 책임'이라는 코멘트가 달려서 더욱 힘들어지기도 합니다.

▷ 피해자 비난은 사건이나 사고뿐만이 아니다

피해자 비난은 괴롭힘이나 질병, 빈곤 등에 관해서도 일어납니다. 또 취직난으로 직업을 좀처럼 찾지 못한 사람에게 '기술을 갈고닦지 않았기 때문이다', '필사적으로 직업을 찾지 않았을 것이다' 등 **부당하게 질책하거나 하는 것**도 피해자 비난 중 한 예시입니다.

피해자 중에는 피해자 비난으로 인해 주변에서 **악성 댓글 등의 2차 가해**를 당한 결과, 피해를 호소하는 일을 그만두거나 역으로 스스로를 비난하거나 하는 사람도 있는 듯합니다.

제5장

인과

☞ 인지편향 여담

공정한 세상 가설

한 실험에서는 참가자에게 전기 충격을 받아 고통스러워하는 피해자의 모습을 관찰하게 했습니다. 피해자의 인상을 참가자에게 물었더니 인품 등을 몹시 낮게 평가했습니다[1]. 이는 '세상은 공정하다'라는 참가자의 신념에 의해 '피해자는 괴로움을 겪을만한 사람임이 틀림없다'라고 간주했기 때문입니다.

 인과
CAUSALITY

그건 당신 탓입니다

기본적 귀인 오류

퀴즈 방송의 사회자는 지식이 풍부하다?

사회자는 정답을 알고 있는 게 당연한데, 마치 지식이 풍부한 것처럼 보입니다.

▷ 행동의 원인이 그 사람 자신에게 있다고 생각한다

비즈니스 중에 거래처가 약속 시간을 어긴다면 '칠칠치 못한 사람이다'라고 생각하지 않을까요? 하지만 실제로는 당신의 부하 직원이 거래처에 연락 실수를 했을지도 모릅니다.

우리는 타인의 행동 원인을 생각할 때, 본인의 성격이나 능력 같은 **그 사람 자신과 관련된 내적 요인을 중시하고 주변 상황 등의 외적 요인은 경시**하는 경향이 있습니다.

이 경향은 타인의 행동 원인을 생각할 때 보편적으로 볼 수 있는 것이기 때문에 '기본적 귀인 오류'라고 부릅니다.

▷ 상황의 영향을 간과한다

한 실험에서 관찰자는 출제자 1명과 정답자 1명이 퀴즈 게임을 하는 것을 보고 있었습니다. 이 게임에서 출제자는 자신의 특기 분야에서 어려운 퀴즈를 10문제 생각해 출제하고 정답자는 평균 4문제의 정답을 맞혔습니다.

게임 후에 관찰자에게 출제자와 정답자의 일반 지식이 어느 정도 된다고 생각하는지 묻자, '출제자는 몹시 박식하다'라고 평가한 한편, '정답자는 평균적인 학생과 비슷한 정도다'라고 평가했습니다[1].

출제자는 자신의 특기 분야에서 어려운 퀴즈를 냈기 때문에 정답자의 정답률이 낮은 것은 어쩔 수 없는 일입니다. 그런데도 상황의 영향을 고려하지 않고 **정답자의 정답률이 낮은 것은 출제자의 능력이 출중하기 때문이다**'라고 판단했기 때문에 이와 같은 평가가 이루어진 것입니다.

누군가가 화를 내는 것은 그 사람이 불평불만이 많은 사람이라서가 아니라 점원의 대응이 너무했기 때문일지도 모릅니다.

🔗 **관련된 인지 편향**

문화에 따라 생각하는 원인이 다르다?

어느 연구에서는 원인을 찾는 방식의 문화 차이에 대해 알아보기 위해 미국에서 발행되는 대표적인 영어 신문과 중국어 신문의 기사를 비교했습니다. 실제로 일어난 두 사건의 보도 내용을 보면, 영어 신문에서는 범인의 성격과 같은 내적 요인에, 중국어 신문에서는 사회 정세 등의 외적 요인에 사건의 원인을 귀인 하기 쉽다는 것이 나타났습니다[2]. 이는 유럽, 미국과 아시아는 원인을 생각하는 방식이 다르다는 것을 보여준 한 사례입니다.

사람을 움직이는 '넛지 이론'을 제창

리처드 탈러

Richard Thaler	1945 ~

미국의 경제학자. 강제나 명령으로 사람을 움직이는 것이 아니라, 인간의 심리를 응용해 자기도 모르는 사이에 좋은 방향으로 유도함으로써 경제 효과를 높이는 '넛지 이론'을 제창했습니다. 이러한 행동경제학 연구로 2017년에 노벨 경제학상을 수상했습니다.

 주요 저서

관련된 인지 편향

• 《넛지 – 복잡한 세상에서 똑똑한 선택을 이끄는 힘(Nudge – The Gentle Way to Improve Decisions)》(리더스북, 2022)

'심리적 회계'(118p) 등.

제 6 장

역시 생각했던 대로야

진위에 관련된 편향

— TRUE OR FALSE —

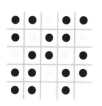

예상에 맞는 경과를 찾고 마는 '확증 편향',

몇 번이고 듣는 사이에 진실하다고 생각하게 하는 '환상의 진실 효과'….

진위를 생각할 때 빠지기 쉬운 인지 편향을 소개합니다.

당신은 날씨 요정? 아니면 비를 몰고 다니는 사람?

착각적 상관

그건 정말 관계있을까요?

'자기 행동'과 '날씨' 사이에 관련성이 없는데 '관련 있다'라고 생각할 때가 있습니다.

▷ 혈액형과 성격은 관련성이 없다

이벤트 날에 날씨가 맑으면 '날씨 요정이니까'라고 어필하거나, 비가 내리면 '내가 비를 몰고 왔나 봐'라며 미안해하는 경우가 있습니다. 우리는 직감적으로 다양한 사건 사이에 관계성을 발견하기 쉽습니다. 그러나 **실제로는 관련성이 없는 경우도 많습니다. 이처럼 두 가지 사건의 관련성을 잘못 인식하는 것을 '착각적 상관'**이라고 합니다.

예를 들어 일본인은 '그 사람은 A형 같아', '그는 B형이라 마이웨이야' 등과 같이 혈액형과 성격을 연관 짓는 경향이 있습니다. 그러나 실제로 혈액형과 성격의 연관성에는 과학적 근거가 없다는 것이 밝혀졌습니다.

▷ 소수파에게는 나쁜 이미지를 갖기 쉽다

일반적으로 **소수파는 착각적 상관의 영향으로 나쁜 이미지와 연관 지어진다**는 것을 알 수 있습니다.

소수파의 멤버는 다수파의 멤버보다 눈에 띕니다(여자 10명 중에 남자가 1명 등). 또 대부분의 사람은 사회적인 룰을 지키고 있기 때문에 문제를 일으키는 사람은 눈에 띕니다. 그리고 우리는 눈에 띄는 사건은 실제보다 빈번하게 일어나고 있다고 추측하는 경향이 있습니다. 그 때문에 실제로는 문제를 일으키는 빈도에 차이가 없어도 **'소수파의 멤버가 문제를 더 자주 일으키고 있다'**라는 잘못된 연관성을 발견하는 것입니다[1]. 이와 같이 소수파에 대한 선입견은 차별이나 편견의 원인 중 하나가 됩니다.

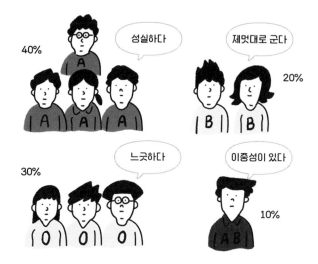

일본에서는 약 70%를 차지하는 A형과 O형에 비해 소수파인 B형과 AB형에 대해서는 '조금 특이하다' 등의 마이너스 이미지를 떠올리기 쉽다고 합니다.

🔗 관련된 인지 편향

허위 상관

두 사건 사이에 인과 관계가 없음에도 불구하고 배후에 있는 다른 요인의 영향으로 통계적으로는 관계가 있는 것처럼 보이는 것을 '허위 상관'이라고 합니다. 예를 들어 '얼음이 잘 팔리는 날은 물놀이 사고도 잦다'라는 실제 데이터가 있습니다. 이는 물론 '얼음을 먹으면 물놀이 사고를 당한다'가 아니라, 기온이 높은 날에는 얼음이 잘 팔리고 동시에 해수욕을 가는 사람이 많아서 사고 건수도 늘어났을 뿐이며 얼음 판매 수량과 물놀이 사고의 건수에는 직접적인 인과 관계도, 간접적인 인과 관계도 없습니다[2].

진위

TRUE OR FALSE

예상에 맞는 결과를 찾으려 한다

확증 편향

생각해 봅시다

아래 4장의 카드를 보고 질문에 답하세요.

모든 카드에는 앞면에는 알파벳, 뒷면에는 숫자가 쓰여 있습니다.

'앞면에 알파벳 대문자가 쓰여 있는 카드의 뒷면에는 홀수가 쓰여 있다'라는 가설이 옳은지

여부를 판단하기 위해서는 최소한 어느 카드를 뒤집을 필요가 있을까요?

▷ 가설과 일치하는 증거만 모아댄다

왼쪽 페이지의 문제의 정답은 'R과 2를 뒤집는다' 입니다. 그러나 많은 사람은 'R과 5를 뒤집는다'라고 대답하는 일이 실험에서 나타났습니다[1]. '앞면에 대문자가 쓰여 있는 카드의 뒷면에는 홀수가 쓰여 있다'라는 가설이 옳은지를 증명하려면 「'앞면은 대문자, 동시에 뒷면이 짝수」라는 가설을 부정하는 증거가 존재하지 않음을 확인할 필요가 있습니다. 그러나 많은 사람은 '앞면이 대문자, 동시에 뒷면이 홀수'라는 **가설을 긍정하는 증거 쪽을 모으기 쉽습니다.**

이처럼 자신이 세운 'ㅇㅇ는 ××일 것이다'라는 가설이 옳은지 여부를 검증할 때, 가설에 일치하는 증거를 먼저 찾는 한편, 가설에 반하는 증거에는 그다지 주의를 기울이지 않는 경향을 '확증 편향'이라고 합니다.

자신의 의견을 지지하는 정보에만 시선이 가기 쉽습니다.

▷ 사람의 성격을 판단할 때도 일어난다

확증 편향은 사람을 대할 때도 일어납니다. 예를 들어 '거래처 사람은 사교적인 성격이다'라는 동료의 이야기보다, 실제로 만났을 때 '이 사람은 사교적일 것이다'라는 자신의 가설과 일치하는 언동에 주목하기 쉽습니다('상대 쪽에서 적극적으로 말을 걸어온다' 등).

어느 실험에서는 초면의 상대가 자신의 가설대로 내성적 사람인가를 조사할 때, 참가자는 가설을 뒷받침하는 대답을 **얻을 것 같은 질문을 먼저 하는 것**이 확인되었습니다('사람의 마음을 여는 일이 어려운 것은 어떤 때인가?' 등)[2].

클로즈업! **인지 편향 실험**

웨이슨의 2·4·6 과제

심리학자 피터 웨이슨이 실시한 실험에서는 참가자에게 '2·4·6'세 숫자를 보여주고 '이 숫자는 어느 규칙에 따라 나열되어 있습니다. 그 규칙을 찾아주세요'라는 문제를 출제했습니다(정답은 '오름차순'). 그리고 자신이 생각한 규칙이 올바른지를 검증하기 위해서 숫자의 나열을 새롭게 만들도록 요구했습니다. 정답을 맞히기 위해서는 자신이 세운 가설에 반하는 증거도 필요하지만, 많은 참가자는 가설에 일치하는 증거를 우선적으로 모으기 쉬웠습니다.

진위
TRUE OR FALSE

환상의 진실 효과

> **반복해서 들으면**
> **진짜 그렇게 느껴질 지도 모른다**

처음 들었을 때는 확신을 갖지 못했던 이야기라 해도,
같은 이야기를 여러 번 듣는 사이에 그 사람 안에서
점점 진실함이 늘어나는 경향이 있습니다.

▷ '진짜네'라고 생각하는 것은 어떨 때인가?

진위가 불분명한 이야기라 해도 여기저기서 같은 이야기를 듣는 사이에 '아무래도 진짜인 것 같아'라는 확신이 강해진 경험이 있지 않나요? 그 정보가 실제로 옳은지 잘못되었는지에 관계없이 **같은 정보를 반복해서 접하면 그 정보가 진실인 것처럼 느껴지는** 것을 '환상의 진실 효과'라고 합니다.

▷ 반복해서 들으면 진짜라고 생각되는 것은 왜일까?

어느 실험에서는 참가자에게 일반 상식과 관련 있는 그럴듯한 60개의 정보를 들려주는 과제를 2주 간격으로 3회 시행했습니다. 들려준 60개의 정보 중 20개는 3번 모두 같은 것이었지만, 남은 40개는 회차마다 달랐습니다. 그 결과, 참가자는 정보의 진위와 상관없이 **반복해서 들려준 정보가 1회밖에 들려주지 않은 정보보다 더 진짜 같다고 판단**했습니다[1].

같은 대상에 반복해서 접하게 되면 그 대상에게 점점 호감을 느끼게 되는 '친숙 효과'(30p)와 마찬가지로 '환상의 진실 효과'도 반복해서 같은 정보를 접하는 사이에 그 정보의 처리가 용이해지는 것이 원인이 되어 발생한다고 할 수 있습니다.

○○○이래!

그렇구나!

클로즈업! 인지 편향 실험

가짜 뉴스를 믿는 이유

SNS상에는 거짓말이나 헛소문, 음모론, 잘못된 정보 등의 '가짜 뉴스'가 많이 보입니다. 이러한 가짜 뉴스를 믿는 배경에는 환상의 진실 효과가 영향을 미치고 있다 할 수 있습니다. 가짜 뉴스를 소재로 한 어느 실험에서는 가짜 뉴스의 주제를 반복해서 보기만 해도, 그 주제의 주장을 사실이라고 판단하기 쉽다는 것을 알 수 있었습니다. 주제에 '허위라 의심된다'라는 경고를 붙여서 주의를 환기해도 이 경향은 달라지지 않았습니다[2].

진위
TRUE OR FALSE

신념 편향

생각해
?
봅시다

두 가지 전제가 올바른 경우,
다음 결론은 논리적으로 도출할 수 있을까요?

예제 1

'대부호는 일하는 사람이 아니다'

'부자 중에는 일하는 사람도 있다'

이 두 가지 전제가 옳은 경우,

'대부호가 부자가 아닌 경우도 있다'

라는 결론은 논리적으로 도출할 수 있습니까?

A   네

B   아니요

'의존성이 있는 상품은 저렴하지 않다'

'담배 중에는 싼 것도 있다'

이 두 가지 전제가 옳을 경우,

'의존성이 있는 상품이 담배가 아닌 경우도 있다'

라는 결론은 논리적으로 도출할 수 있습니까?

A 네

B 아니요

▷ 믿을 수 있는 결론인가 아닌가가 중요하다

두 가지 예제에 어떻게 대답했나요?

예제 1과 2는 모두 문제의 구조는 같고 '아니요(그 결론은 논리적으로 도출할 수 없다)'를 선택하는 것이 정답입니다. 그러나 어느 실험에서 같은 문제를 냈더니 예제 1과 2에서 정답률이 크게 달랐습니다.

예제 1의 '대부호가 부자가 아닌 경우도 있다'처럼 **'믿기 어려운 결론'**이 나온 경우, 정답인 **'아니요'**를 선택하는 사람은 **80% 정도**였습니다. 한편, 예제 2의 '의존성이 있는 상품이 담배가 아닌 경우도 있다'처럼 **'믿을 수 있는 결론'**이 나온 경우, 정답인 **'아니요'**를 선택하는 사람은 **30% 정도**에 그쳤습니다[1].

▷ 결론만으로 판단하는 것은 위험하다

우리는 쉽게 납득이 가는 결론을 내면, 그 결론에 이르기까지의 '논리적 추론의 타당성'을 높이 평가합니다. 한편 납득할 수 없는 결론을 내면, 논리적 추론의 타당성을 낮게 평가합니다. 이를 '신념 편향'이라고 합니다.

업무 등에서 보다 적절한 판단을 내리기 위해서는 결론만 보지 말고 그 결론이 도출되기까지의 과정이 이치에 맞는지도 잘 살필 필요가 있습니다. 그러나 우리는 '결론을 납득할 수 있는 것이라면, 그 과정도 타당하다'라고 단순하게 판단하기 쉬운 것 같습니다.

제
6
장

진
위

진위
TRUE OR FALSE

바넘 효과

생각해 **?** 봅시다

당신은 이런 성격은 아닌가요?
해당하는 항목에 체크해봅시다.

맞아!

해당한다 or 해당하지 않는다?

☐ 어떤 사람에게도 어느 정도 맞춰줄 수 있다

☐ 가끔 너무 신중해서 조심스러울 때가 있다

☐ 사물을 다각도로 분석하는 쪽이다

☐ 심취하면 다른 것은 눈에 들어오지 않는 경우가 있다

☐ 때로는 이것저것 생각이 너무 많아지기도 한다

▷ 누구에게나 무언가를 가져다준다

왼쪽 페이지의 항목 중에서 나에게 해당한다고 느낀 항목이 몇 개 있었나요? 실은 모든 항목에 애매한 표현을 사용해 누구에게나 어느 정도 해당할 듯한 내용이 적혀 있습니다.

사람은 점술 등 자신의 성격이 진단되는 듯한 상황에 타인으로부터 애매하고 일반적인 기록이나 발언을 들으면, **'자신의 성격을 나타내고 있다'라고 받아들이는** 경향이 있습니다. 이 현상을 미국에서 서커스 등 흥행을 성공시킨 P.T. 바넘이 '누구에게나 무언가를 가져다준다'라고 말한 것에서 착안해 '바넘 효과'라고 이름 붙여졌습니다.

▷ 같은 내용인데 개별적으로 전달해 주니…

어느 실험에서 학생에게 성격에 관한 검사를 실시했습니다. 1주일 후, 학생은 자신의 이름이 들어간 검사 결과를 받아서, 그 내용이 자신의 성격을 얼마나 나타내고 있는지 0에서 5까지의 6단계로 평가하도록 요청받았습니다. 검사 결과에는 '외향적이고 붙임성 있고 사교적일 때도 있지만, 내성적이고 경계심이 강하며 소극적일 때도 있습니다', '외면은 규율을 잘 지키고 자제심이 있으나, 내면은 걱정이 많고 불안정한 경향이 있습니다' 등의 내용이 포함되어 있었습니다.

실은, 이 검사 결과는 모두 같은 내용으로, 실험자가 별점 책에서 인용해 온 것이었습니다. 그러나 대부분의 학생들의 평가는 4 이상이었으며, **같은 내용인데도 개별로 전해주자 '자신의 성격을 나타내고 있다'라고 평가했습니다**[1].

> 마이웨이처럼 보이지만, 실은 주변을 신경 쓰는 사람이군요.

알아주고 있어!

성격에 관해 진단받으면 '맞아!'라고 생각합니다.

클로즈업! 인지 편향 실험

자신에게 호의적인 내용은 받아들이기 쉽다

바넘 효과를 둘러싼 많은 연구가 이루어지고 있습니다. 이러한 연구 결과를 종합하면 '당신의'라고 특정되거나 자신에게 호의적인 내용이거나 하면 그 성격 묘사는 옳다고 인식되어 더 잘 받아들인다는 것을 알 수 있었습니다. 또 호의적이지 않은 내용은 지위가 높은 사람에게 전달받으면 쉽게 받아들이는 경향이 있었습니다[2].

기대를 받으면 능력이 향상된다

진위
TRUE OR FALSE

피그말리온 효과

직장인도 주목받으면 성과를 올린다?!

'자네들이라면 할 수 있어', '능력이 있다' 등 상사가 부하를 믿고 있는 태도나 행동을 전하면 그것이 진실이 되는 일이 있습니다.

관련된 인지편향

호손 효과

어떤 요인이 생산성을 높이는지, 미국의 호손 공장에서 실험했더니, 조명이나 보수 등 어떤 것을 바꿔도 생산성이 향상되었습니다. 자세히 조사하자 종업원은 자신의 공장이 검증 현장으로 선택받은 것에서 '주목받고 있다'라고 느껴서 행동이 달라졌다는 것을 알 수 있었습니다. '주목받고 있다'라는 의식에 의해 행동이 달라진다는 것입니다.

○○부 프로젝트 성공!

▷ 교사의 기대는 학생의 성적에 영향을 미친다

심리학자 로버트 로젠탈 팀은 1960년대에 기대에 따른 교사의 의식 변화가 학생의 성적에 영향을 준다는 것을 발표했습니다. 실험에서는 교사에게 '클래스의 일부 학생은 어느 테스트 결과에서 조기에 성적이 오를 것이 예상된다'라고 이야기해 두었습니다. 사실, 이 학생들은 무작위로 선택되었을 뿐이고 테스트 결과도 거짓이었으나 이후의 성적은 실제로 향상되었습니다[1]. 이는 **교사가 기대에 응하여 학생에 대한 태도나 행동을 바꾸었으며, 그 결과 학생은 기대한 대로의 성과를 냈다**고 할 수 있습니다.

이 현상은 그리스 신화에 나온 피그말리온 왕이 스스로 조각한 여성에게 사랑에 빠져 계속 소원을 빈 결과, 결국에는 소원대로 조각이 사람이 되었다는 이야기를 따서 '피그말리온 효과'라고 부릅니다.

▷ 좋거나 나쁘거나, 기대했던 대로 된다

앞의 실험에서는 검증 시 방법을 둘러싸고 다양한 비판이 있는 듯합니다. 그러나 기대를 동반한 행동이 긍정적인 효과를 낳는다는 사고방식이, 교육이나 비즈니스 현장에 녹아들기도 해서 자주 화제에 오릅니다.

피그말리온 효과는 부정적인 방향으로 발생할 수도 있습니다. 누군가가 어떤 사람에 대해 **'실패할 것이 틀림없다'**라고 생각하고 있으면, 그 사람은 정말로 **성적이 떨어지는** 일이 보고되고 있습니다[2].

진위
TRUE OR FALSE

전후의 정보에 따라 해석이 달라진다

문맥 효과

생각해
?
봅시다

가운데 글자는 뭐라고 읽을까요?

예제 1

A
12 13 14
C

예제 2

C
T H E
T

세로로 읽을 때와 가로로 읽을 때, 자연스럽게 다른 문자로 보입니다.

▷ 문맥이 다르면 보는 방법이 달라진다

왼쪽 페이지의 예제 1은 세로로 읽으면 'A, B, C', 가로로 읽으면 '12, 13, 14'로 보이지 않나요? 즉 중앙의 문자는 'B'로 보이거나 '13'으로 보입니다. 예제 2도 세로로 읽으면 'CAT', 가로로 읽으면 'THE'라고 읽을 수 있으며 중앙의 문자가 주위의 정보에 따라 'A'나 'H'로 보입니다.

사람의 지각이나 인지가, 선행하는 정보나 나중에 계속되는 정보와의 관계성에 의해 달라지는 것을 '문맥 효과'라고 합니다. 정보를 처리하는 상황에 따라 대화나 풍경, 사람, 사물, 소리 등 다양한 것이 문맥이 될 수 있습니다. 예를 들어 대화 중에 '기계'인지 '기개'인지 중에 어느 것을 가리키는지 확실하지 않은 경우, 각각의 문맥(머릿속에 떠오르는 상황 등)으로 이해하게 됩니다.

▷ 문맥은 의사 결정에도 영향을 미친다

문맥은 소비자의 선택 행동에도 영향을 미칩니다. 그중 하나로 '매력 효과'(108p의 '미끼 효과'의 일종)가 있습니다. 이는 품질과 가격이 모두 높은 상품 A와 모두 낮은 상품 B의 두 가지 선택밖에 없을 때에 비해 A와 가격은 같지만, 품질이 조금 떨어지는 상품 C가 선택지에 추가됨에 따라, A의 매력이 두드러져서 A를 선택하기 쉬워진다는 것입니다[1].

판매 전략에서도 어느 장면에서 어떤 문맥을 이용할지는 수익과 관련된 요인 중 하나로 논의되고 있습니다.

같은 이야기를 하고 있을 작정이라 해도 서로의 문맥이 다르면 대화가 엇갈릴 수 있습니다.

🔗 **관련된 인지편향**

점화 효과

문맥효과와 비슷한 개념으로 '점화 효과'가 있습니다. 예를 들어 '바○○스'의 ○에 들어가는 단어를 완성할 때, 사전에 '바이어스'라는 단어를 접한 경우는 접하지 못한 경우에 비해 정답을 맞히기까지의 시간이 빨라지거나 정답을 말하기 쉽습니다. 선행하는 정보 처리가 나중에 계속되는 정보처리에 영향을 미치는 것을 점화 효과라고 합니다.

인용 문헌

◆ 제 1 장 기억

오기억 (P.18-)

1 미야지 야요이(宮地 弥生)・야마 히로시(山 祐嗣)(2002). 높은 확률로 오기억을 생성하는 DRM 패러다임을 위한 일본어 목록 작성 기초 심리학 연구, 21, 21-26.

2 Loftus, E. (1997). Creating false memories. Scientific American, 277, 70-75.

3 오치 게이타(越智 啓太)(2014). 만들어진 거짓 기억: 당신의 기억은 진짜인가? DOJIN 선서

기분 일치 효과 (P.20-)

1 Snyder, M., & White, P.(1982). Moods and memories: Elation, depression, and the remembering of the events of one's life. Journal of Personality, 50, 149-167.

2 Eich, J. E. (1980). The cue-dependent nature of state-dependent retrieval. Memory & Cognition, 8, 157-173.

사후 정보 효과 (P.22-)

1 Loftus, E. F., & Palmer, J. C.(1974). Reconstruction of automobile destruction: An example of the interaction between language and memory. Journal of Verbal Learning and Verbal Behavior, 13, 585-589.

장밋빛 회상 (P.24-)

1 Mitchell, T. R., Thompson, L., Peterson, E., & Cronk, R.(1997). Temporal adjustments in the evaluation of events: The "Rosy View". Journal of Experimental Social Psychology, 33, 421-448.

2 Walker, W. R., Vogl, R. J., & Thompson, C. P.(1997). Autobiographical memory: Unpleasantness fades faster than pleasantness over time. Applied Cognitive Psychology, 11,

399 – 413.

자이가르닉 효과(P.26-)

1 Gilovich, T., & Medvec, V. H.(1994). The temporal pattern to the experience of regret. Journal of Personality and Social Psychology, 67, 357 – 365.

2 Zeigarnik, B.(1938). On finished and unfinished tasks. In W. D. Ellis(Ed.), A source book of Gestalt psychology(pp. 300 – 314). Kegan Paul, Trench, Trubner & Company.

사후 확증 편향(P.28-)

1 Fischhoff, B., & Beyth, R.(1975). I knew it would happen. Organizational Behavior and Human Performance, 13, 1 – 16.

2 Yama, H., Akita, M., & Kawasaki, T.(2021). Hindsight bias in judgments of the predictability of flash floods: An experimental study for testimony at a court trial and legal decision making. Applied Cognitive Psychology, 35, 711 – 719.

친숙 효과(P.30-)

1 Jacoby, L. L., Kelley, C., Brown, J., & Jasechko, J. (1989). Becoming famous overnight: Limits on the ability to avoid unconscious influences of the past.
Journal of Personality and Social Psychology, 56, 326 – 338.

2 Zajonc, R. B.(1968). Attitudinal effects of mere exposure. Journal of Personality and Social Psychology, 9(2, Pt.2), 1 – 27.

회고 절정(P.32-)

1 Janssen, S., Chessa, A., & Murre, J.(2005). The reminiscence bump in autobiographical memory: Effects of age, gender, education, and culture. Memory, 13, 658 – 668.

라벨링 효과(P.34-)

1 Carmichael, L., Hogan, H. P., & Walter, A. A.(1932). An experi mental study of the effect of language on the reproduction of visually perceived form. Journal of Experimental Psychology, 15, 73 – 86.

자기 참조 효과(P.36-)

1 Craik, F. I. M., & Tulving, E.(1975). Depth of processing and the retention of words in episodic memory. Journal of Experimental Psychology: General, 104, 268 – 294.

2 Rogers, T. B., Kuiper, N. A., & Kirker, W. S.(1977). Self-refe rence and the encoding of personal information. Journal of Personality and Social Psychology, 35, 677 – 688.

사고억제의 역설적 효과(P.38-)

1 Wegner, D. M., Schneider, D. J., Carter, S. R., & White, T. L. (1987). Paradoxical effects of thought suppression. Journal of Personality and Social Psychology, 53, 5 – 13.

2 Wegner, D. M.(2011). Setting free the bears: Escape from thought suppression. American Psychologist, 66, 671 – 680.

망원경 효과(P.40-)

1 Janssen, S. M. J., Chessa, A. G., & Murre, J. M. J. (2006). Me mory for time: How people date events. Memory & Cognition, 34, 138 – 147.

구글 효과(P.42-)

1 Sparrow, B., Liu, J., & Wegner, D. M.(2011). Google effects on memory: Cognitive consequences of having information at our fingertips. Science, 333, 776 – 778.

2 Johnson, M. K., Hashtroudi, S., & Lindsay, D. S. (1993). Source monitoring. Psychological Bulletin, 114, 3 – 28.

초두 효과 (P.44−)

1 Glanzer, M., & Cunitz, A. R.(1966). Two storage mechanisms in free recall. Journal of Verbal Learning & Verbal Behavior, 5, 351−360.

피크 − 엔드 법칙 (P.46−)

1 Redelmeier, D. A., & Kahneman, D.(1996). Patients' memories of painful medical treatments: Real−time and retrospective evaluations of two minimally invasive procedures. Pain, 66, 3−8.
2 Kahneman, D., Fredrickson, B. L., Schreiber, C. A., & Redel meier, D. A.(1993). When more pain is preferred to less: Adding a better end. Psychological Science, 4, 401−405.

일관성 편향 (P.48−)

1 Allgeier, A. R., Byrne, D., Brooks, B., & Revnes, D.(1979). The waffle phenomenon: Negative evaluations of those who shift attitudinally. Journal of Applied Social Psychology, 9, 170−182. (187p)
2 Ross, M.(1989). Relation of implicit theories to the construction of personal histories. Psychological Review, 96, 341−357.
3 찰디니, R. B. 사회행동연구회 (역)(2014). 영향력의 무기 − 왜 사람은 움직일까 (제 3 판) 성신책방 (誠信書房)

◆ 제 2 장 추정

대표성 휴리스틱 (P.52−)

1 Tversky, A., & Kahneman, D.(1983). Extensional versus intuitive reasoning: The conjunction fallacy in probability judgment. Psychological Review, 90, 293−315.

가용성 휴리스틱 (P.54−)

1 Tversky, A., & Kahneman, D.(1973). Availability: A heuristic for judging frequency and probability. Cognitive Psychology, 5, 207−232.
2 Schwarz, N., Bless, H., Strack, F., Klumpp, G., Rittenauer−Schatka, H., & Simons, A.(1991). Ease of retrieval as information: Another look at the availability heuristic. Journal of Personality and Social Psychology, 61, 195−202.

앵커링 (P.56−)

1 Tversky, A., & Kahneman, D.(1974). Judgment under uncertainty: Heuristics and biases. Science, 185, 1124−1131.

계획 오류 (P.58−)

1 Buehler, R., Griffin, D., & Ross, M.(1994). Exploring the "plan ning fallacy": Why people underestimate their task completion times. Journal of Personality and Social Psychology, 67, 366−381.
2 무라타 고지 · 다카기 아야 · 다카다 마사미 · 후지시마 요시쓰구 (2007). 계획착오의 현장 연구 : 활동의 과대시 , 장애상상의 효과 , 시간 엄수성과의 관계 히토츠바시사회과학 , 2, 191−214.

도박사의 오류 (P.60−)

1 Tversky, A., & Kahneman, D.(1971). Belief in the law of small numbers. Psychological Bulletin, 76, 105−110
2 Tversky, A., & Kahneman, D.(1982). Evidential impact of base rates. In D. Kahneman, P. Slovic, & A. Tversky(Eds.), Judgment under Uncertainty: Heuristics and Biases(pp. 153−160). Cambridge University Press.

충격 편향 (P.62−)

1 Brickman, P., Coates, D., & Janoff−Bulman, R.(1978). Lottery

winners and accident victims: Is happiness relative? Journal of Personality and Social Psychology, 36, 917 – 927.
2 Gilbert, D. T., Pinel, E. C., Wilson, T. D., Blumberg, S. J., & Wheatley, T. P.(1998). Immune neglect: A source of durability bias in affective forecasting. Journal of Personality and Social Psychology, 75, 617 – 638.

통제의 환상 (P.64–)
1 Skinner, B. F.(1948). "Superstition" in the pigeon. Journal of Experimental Psychology, 38, 168 – 172.

정당성 착각 (P.66–)
1 Kahneman, D., & Tversky, A.(1973). On the psychology of prediction. Psychological Review, 80, 237 – 251.

투명성 착각 (P.66–)
1 Gilovich, T., Savitsky, K., & Medvec, V. H.(1998). The illusion of transparency: Biased assessments of others' ability to read one's emotional states. Journal of Personality and Social Psychology, 75, 332 – 346.
2 Pronin, E., Kruger, J., Savtisky, K., & Ross, L.(2001). You don't know me, but I know you: The illusion of asymmetric insight. Journal of Personality and Social Psychology, 81, 639 – 656.

외집단 동질성 효과 (P.70–)
1 Quattrone, G. A., & Jones, E. E.(1980). The perception of variability within in-groups and outgroups: Implications for the law of small numbers. Journal of Personality and Social Psychology, 38, 141 – 152.
2 Tajfel, H., & Wilkes, A. L.(1963). Classification and quantitative judgement. British Journal of Psychology, 54, 101 – 114.

낙관 편향 (P.72–)
1 Sharot, T.(2011). The optimism bias. Current Biology, 21, R941 – R945.
2 테일러, S. E 미야자키 시게코 (역)(1998). 그래도 사람은 낙천적인 편이 좋다 – 긍정적인 마인드와 자기 설득 심리 – 일본교문사

지식의 저주 (P.74–)
1 Newton, E.L.(1990). The rocky road from actions to intentions. [Doctoral dissertation, Stanford University]
2 Adamson, R. E.(1952). Functional fixedness as related to problem solving: A repetition of three experiments. Journal of Experimental Psychology, 44, 288 – 291.

더닝 크루거 효과 (P.76–)
1 Kruger, J., & Dunning, D.(1999). Unskilled and unaware of it: How difficulties in recognizing one's own incompetence lead to inflated self-assessments. Journal of Personality and Social Psychology, 77, 1121 – 1134.

공헌도의 과대시 (P.78–)
1 Thompson, S. C., & Kelley, H. H.(1981). Judgments of responsibility for activities in close relationships. Journal of Personality and Social Psychology, 41, 469 – 477.
2 에플리, N. 하타노 리사코 (역)(2017). 사람의 마음은 읽을 수 있을까 ? – 속마음과 오해의 심리학 하야카와 쇼보

순진한 냉소주의 (P.80–)
1 Kruger, J., & Gilovich, T.(1999). "Naive cynicism" in everyday theories of responsibility assessment: On biased assumptions of bias. Journal of Personality and Social Psychology, 76, 743 – 753.

스포트라이트 효과 (P.82-)

1 Gilovich, T., & Medvec, V. H.(1994). The temporal pattern to the experience of regret. Journal of Personality and Social Psychology, 67, 357 - 365.

2 Gilovich, T., Medvec, V. H., & Savitsky, K.(2000). The spotlight effect in social judgment: An egocentric bias in estimates of the salience of one's own actions and appearance. Journal of Personality and Social Psychology, 78, 211 - 222

허위 합의 효과 (P.84-)

1 Ross, L., Greene, D., & House, P.(1977). The "false consensus effect": An egocentric bias in social perception and attribution processes. Journal of Experimental Social Psychology, 13, 279 - 301.

2 Koudenburg, N., Postmes, T., & Gordijn, E. H. (2011). If they were to vote, they would vote for us. Psychological Science, 22, 1506 - 1510.

회귀 오류 (P.86-)

1 체흐마이스터, E. B., & 존슨, J. E. 미야모토 히로아키 외(역)(1996). 크리티컬싱킹 입문편 – 기타오오지쇼보(北大路書房)

2 카너먼, D. 무라이 아키코(역)(2014). 패스트 & 슬로우(상) – 하야카와쇼보(早川書房)

가용성 폭포 (P.88-)

1 Kuran, T., & Sunstein, C. R.(1999). Availability cascades and risk regulation. Stanford Law Review, 51, 683-768.

정상화 편향 (P.90-)

1 야모리 가쓰야 (2009). 재론 – 정상화의 편견 실험사회심리학 연구, 48, 137 - 149.

2 탈레브 N. N. 모치즈키 마모루 (역)(2009). 블랙 스완 – 불확실성과 리

스크의 본질 – 다이아몬드사

위험 보상 (P.92-)

1 와일드, G. J. S. 하가 시게루(역)(2007). 교통사고는 왜 사라지지 않는가 – 리스크 행동의 심리학 – 신요샤(新曜社)

◆ 제 3 장 선택

현상 유지 편향 (P.96-)

1 Tversky, A., & Kahneman, D.(1991). Loss aversion in riskless choice: A reference-dependent model. The Quarterly Journal of Economics, 106, 1039 - 1061.

프레이밍 효과 (P.98-)

1 McNeil, B. J., Pauker, S. G., Sox, H. C., & Tversky, A.(1982). On the elicitation of preferences for alternative therapies. New England Journal of Medicine, 306, 1259 - 1262.

2 Schwarz, N., Groves, R. M., & Schuman, H.(1998). Survey methods. In D. T. Gilbert, S. T. Fiske, & G. Lindzey(Eds.), The handbook of social psychology (4th ed., pp. 143 - 179). McGraw-Hill.

보유 효과 (P.100-)

1 Kahneman, D., Knetsch, J. L., & Thaler, R. H.(1990). Experimental tests of the endowment effect and the coase theorem. Journal of Political Economy, 98, 1325 - 1348.

2 Thaler, R. H. (1980). Toward a positive theory of consumer choice. Journal of Economic Behavior & Organization, 1, 39-60. 3 Knetsch, J. L.(2000). The endowment effect and evidence of nonreversible indifference curves. In D. Kahneman & A.

Tversky(Eds.), Choices, Values, and Frames(1st ed., pp. 171 – 179). Cambridge University Press.

모호성 회피 (P.102–)

1 Ellsberg, D.(1961). Risk, ambiguity, and the savage axioms. The Quarterly Journal of Economics, 75, 643 – 669.

2 Epstein, L. G.(1999). A definition of uncertainty aversion. The Review of Economic Studies, 66, 579 – 608.

매몰 비용 효과 (P.104–)

1 Arkes, H. R., & Blumer, C.(1985). The psychology of sunk cost. Organizational Behavior and Human Decision Processes, 35, 124 – 140.

2 Arkes, H. R., & Ayton, P.(1999). The sunk cost and Concorde effects: Are humans less rational than lower animals? Psychological Bulletin, 125, 591 – 600.

현재 지향 편향 (P.106–)

1 O' Donoghue, T., & Rabin, M.(2015). Present bias: Lessons learned and to be learned. American Economic Review, 105, 273 – 279.

2 Bickel, W. K., Odum, A. L., & Madden, G. J. (1999). Impulsivity and cigarette smoking: Delay discounting in current, never, and ex–smokers. Psychopharmacology, 146, 447 – 454.

미끼 효과 (P.108–)

1 Huber, J., Payne, J. W., & Puto, C.(1982). Adding asymmetrically dominated alternatives: Violations of regularity and the similarity hypothesis. Journal of Consumer Research, 9, 90 – 98.

디폴트 효과 (P.110–)

1 Johnson, E. J., & Goldstein, D.(2003). do defaults save lives? Science, 302, 1338 – 1339.

2 세일러, R. H., & 선스타인, C. R. 엔도 마미(역)(2009). 실천행동경제학 – 건강, 부, 행복으로의 총명한 선택 – 닛케이BP사(日経BP社)

인식 가능한 피해자 효과 (p.112–)

1 Kogut, T., & Ritov, I.(2005). The "identified victim" effect: An identified group, or just a single individual? Journal of Behavioral Decision Making, 18, 157 – 167.

2 Small, D. A., Loewenstein, G., & Slovic, P. (2007). Sympathy and callousness: The impact of deliberative thought on donations to identifiable and statistical victims. Organizational Behavior and Human Decision Processes, 102, 143 – 153.

확실성 효과 (P.114–)

1 Tversky, A., & Kahneman, D.(1986). Rational choice and the framing of decisions. The Journal of Business, 59, S251 – S278.

2 카너먼, D. 무라이 아키코 (역)(2014). 패스트 & 슬로우 (하) – 하야카와쇼보 (早川書房)

이케아 효과 (P.116–)

1 애리얼리, D. 사쿠라이 유코 (역)(2014). 불합리하기에 성공한다 – 행동 경제학으로 '사람을 움직이다' – 하야카와 쇼보 (早川書房)

2 Norton, M. I., Mochon, D., & Ariely, D.(2012). The IKEA effect: When labor leads to love. Journal of Consumer Psychology, 22, 453 – 460.

심리적 회계 (P.118–)

1 Kahneman, D., & Tversky, A.(1984). Choices, values, and frames. American Psychologist, 39, 341 – 350.

2 고지마 소토히로 · 아카마츠 준 · 하마 야쓰히사 (1983). 소비자 심리 탐구 : 심리적 지갑, 그 이론과 실증 – 소비자 행동 해명을 위한 새로운 열쇠 – Diamond 하버드 비즈니스, 8, 19–28.

권위 편향 (P.120-)

1 Bickman, L.(1974). The social power of a uniform. Journal of Applied Social Psychology, 4, 47-61.

2 Lefkowitz, M., Blake, R. R., & Mouton, J. S.(1955). Status factors in pedestrian violation of traffic signals. The Journal of Abnormal and Social Psychology, 51, 704-706.

3 밀그램, S. 야마가타 히로오(역)(2012). 복종의 심리 - 카와데쇼보신샤(河出書房新社)

선택 과부하 현상 (P.122-)

1 Chernev, A., Böckenholt, U., & Goodman, J.(2015). Choice overload: A conceptual review and metaanalysis. Journal of Consumer Psychology, 25, 333-358.

2 Polman, E.(2012). Effects of self-other decision making on regulatory focus and choice overload. Journal of Personality and Social Psychology, 102, 980-993.

3 Iyengar, S. S., & Lepper, M. R.(2000). When choice is demoti vating: Can one desire too much of a good thing? Journal of Personality and Social Psychology, 79, 995-1006.

희소성 편향 (P.124-)

1 Driscoll, R., Davis, K. E., & Lipetz, M. E.(1972). Parental interference and romantic love: The Romeo and Juliet effect. Journal of Personality and Social Psychology, 24, 1-10.

2 찰디니, R. B. 사회행동연구회(역)(2014). 영향력의 무기 - 왜 사람은 움직일까(제3판) 성신책방(誠信書房)

3 Rosenberg, B. D., & Siegel, J. T.(2018). A 50-year review of psychological reactance theory: Do not read this article. Motivation Science, 4, 281-300.

단위 편향 (P.126-)

1 Geier, A. B., Rozin, P., & Doros, G.(2006). Unit bias: A new heuristic that helps explain the effect of portion size on food intake. Psychological Science, 17, 521-525.

2 Marchiori, D., Waroquier, L., & Klein, O.(2011). Smaller food item sizes of snack foods influence reduced portions and caloric intake in young adults. Journal of the American Dietetic Association, 111, 727-731.

◆ 제 4 장 신념

부정성 편향 (P.130-)

1 Rozin, P., & Royzman, E. B.(2001). Negativity bias, negativity dominance, and contagion. Personality and Social Psychology Review, 5, 296-320.

2 Pierce, B. H., & Kensinger, E. A.(2011). Effects of emotion on associative recognition: Valence and retention interval matter. Emotion, 11, 139-144.

3 Mather, M., & Carstensen, L. L.(2005). Aging and motivated cognition: The positivity effect in attention and memory. Trends in Cognitive Sciences, 9, 496-502.

부작위 편향 (P.132-)

1 Hayashi, H., & Mizuta, N.(2022). Omission bias in children's and adults' moral judgments of lies. Journal of experimental child psychology, 215, 105320.

2 Ritov, I., & Baron, J.(1990). Reluctance to vaccinate: Omission bias and ambiguity. Journal of Behavioral Decision Making, 3, 263-277.

3 모스코비츠, T. J., & 베르트하임, L. J. 모치쓰키 마모루 (역)(2012).

오타쿠 행동경제학자, 스포츠의 이면을 읽는다 – 다이아몬드사

4 Spranca, M., Minsk, E., & Baron, J.(1991). Omission and commission in judgment and choice. Journal of Experimental Social Psychology, 27, 76 – 105.

백파이어 효과 (P.134–)

1 Nyhan, B., & Reifler, J.(2010). When corrections fail: The persistence of political misperceptions. Political Behavior, 32, 303 – 330.

2 Wood, T., & Porter, E.(2019). The elusive backfire effect: Mass attitudes' steadfast factual adherence. Political Behavior, 41, 135 – 163.

3 Allen, M.(1991). Meta–analysis comparing the persuasiveness of one–sided and twosided messages. Western Journal of Speech Communication, 55, 390 – 404.

밴드왜건 효과 (P.136–)

1 Marsh, C.(1985). Back on the bandwagon: The effect of opinion polls on public opinion. British Journal of Political Science, 15, 51–74.

2 Leibenstein, H.(1950). Bandwagon, snob, and veblen effects in the theory of consumers' demand. The Quarterly Journal of Economics, 64, 183 – 207.

제로섬 휴리스틱 (P.138–)

1 Meegan, D.(2010). Zero–sum bias: Perceived competition despite unlimited resources. Frontiers in Psychology, 1, Article 191.

2 Esses, V. M., Dovidio, J. F., Jackson, L. M., & Armstrong, T. L.(2001). The Immigration dilemma: The role of perceived group competition, ethnic prejudice, and national identity. Journal of Social Issues, 57, 389 – 412.

제삼자 효과 (P.140–)

1 Davison, W. P.(1983). The third–person effect in communication. Public Opinion Quarterly, 47, 1 – 15.

2 Sun, Y., Pan, Z., & Shen, L.(2008). Understanding the third–person perception: Evidence from a metaanalysis. Journal of Communication, 58, 280 – 300.

순진한 실재론 (P.142–)

1 Ross, L., & Ward, A.(1996). Naive realism in everyday life: Implications for social conflict and misunderstanding. In E. S. Reed, E. Turiel, & T. Brown (Eds.), Values and knowledge(pp. 103 – 135). Lawrence Erlbaum Associates.

2 Hastorf, A. H., & Cantril, H.(1954). They saw a game: A Case study. The Journal of Abnormal and Social Psychology, 49, 129 – 134.

적대적 매체 효과 (P.144–)

1 Cappella, J. N., & Jamieson, K. H.(1996). News frames, political cynicism, and media cynicism. The Annals of the American Academy of Political and Social Science, 546, 71 – 84.

2 이광호 (2019). 적의적 미디어 인지와 미디어 시니시즘 – 한국사회에서의 그 실태 파악 – 미디어 커뮤니케이션 : 게이오기주쿠대학 미디어 커뮤니케이션 연구소기요, 69, 85–95.

3 Vallone, R. P., Ross, L., & Lepper, M. R.(1985). The hostile media phenomenon: Biased perception and perceptions of media bias in coverage of the Beirut massacre. Journal of Personality and Social Psychology, 49, 577 – 585.

4 Hansen, G. J., & Kim, H.(2011). Is the media biased against me? A meta–analysis of the hostile media effect research. Communication Research Reports, 28, 169 – 179.

스테레오 타입 (P.146-)

1 체흐마이스터, E. B., & 존슨, J. E. 미야모토 히로아키 외(역)(1996). 크리티컬싱킹 입문편 - 기타오오지쇼보(北大路書房)

2 Fiske, S. T., Cuddy, A. J. C., Glick, P., & Xu, J. (2002). A model of(often mixed)stereotype content: Competence and warmth respectively follow from perceived status and competition. Journal of Personality and Social Psychology, 82, 878-902.

3 Cuddy, A. J. C., Fiske, S. T., Kwan, V. S. Y., et al. (2009). Stereotype content model across cultures: Towards universal similarities and some differences. British Journal of Social Psychology, 48, 1-33.

도덕적 허가 효과 (P.148-)

1 Jordan, J., Mullen, E., & Murnighan, J. K.(2011). Striving for the moral self: The effects of recalling past moral actions on future moral behavior. Personality and Social Psychology Bulletin, 37, 701-713.

2 Khan, U., & Dhar, R.(2006). Licensing effect in consumer choice. Journal of Marketing Research, 43, 259-266.

후광 효과 (P.150-)

1 Thorndike, E. L.(1920). A constant error in psychological ratings. Journal of Applied Psychology, 4, 25-29.

2 Sigall, H., & Ostrove, N.(1975). Beautiful but dangerous: Effects of offender attractiveness and nature of the crime on juridic judgment. Journal of Personality and Social Psychology, 31, 410-414.

평균 이상 효과 (P.152-)

1 Myers, D. G.(2010). Social psychology(10th ed.). McGraw-Hill.

2 Chambers, J. R., & Windschitl, P. D.(2004). Biases in social comparative judgments: The role of nonmotivated factors in above-average and comparative-optimism effects. Psychological Bulletin, 130, 813-838.

3 Kruger, J.(1999). Lake Wobegon be gone! The "below-average effect" and the egocentric nature of comparative ability judgments. Journal of Personality and Social Psychology, 77, 221-232.

난센스 수식 효과 (P.154-)

1 Eriksson, K.(2012). The nonsense math effect. Judgment and Decision Making, 7, 746-749.

◆ 제 5 장 인과

오귀속 (P.158-)

1 Meston, C. M., & Frohlich, P. F.(2003). Love at first fright: Partner salience moderates roller-coasterinduced excitation transfer. Archives of Sexual Behavior, 32, 537-544.

2 Dutton, D. G., & Aron, A. P.(1974). Some evidence for heightened sexual attraction under conditions of high anxiety. Journal of Personality and Social Psychology, 30, 510-517.

플라세보 효과 (P.160-)

1 Yetman, H. E., Cox, N., Adler, S. R., Hall, K. T., & Stone, V. E.(2021). What do placebo and nocebo effects have to do with health equity? The hidden toll of nocebo effects on racial and ethnic minority patients in clinical care. Frontiers in Psychology, 12, Article 788230.

2 Colloca, L., & Barsky, A. J.(2020). Placebo and nocebo effects. New England Journal of Medicine, 382, 554-561.

이기적 편향 (P.162-)

1 Miller, D. T., & Ross, M.(1975). Self-serving biases in the attribution of causality: Fact or fiction? Psychological Bulletin, 82, 213-225.

2 Bradley, G. W.(1978). Self-serving biases in the attribution process: A reexamination of the fact or fiction question. Journal of Personality and Social Psychology, 36, 56-71.

3 Markus, H. R., & Kitayama, S.(1991). Culture and the self: Implications for cognition, emotion, and motivation. Psychological Review, 98, 224-253.

행위자 – 관찰자 편향 (P.164-)

1 Regan, D. T., & Totten, J.(1975). Empathy and attribution: Turning observers into actors. Journal of Personality and Social Psychology, 32, 850-856.

2 Jones, E. E., & Nisbett, R. E.(1987). The actor and the observer: Divergent perceptions of the causes of behavior. Attribution: Perceiving the causes of behavior(pp. 79-94). Lawrence Erlbaum Associates.

내집단 편향 (P.166-)

1 Tajfel, H., Billig, M. G., Bundy, R. P., & Flament, C. (1971). Social categorization and intergroup behaviour. European Journal of Social Psychology, 1, 149-178.

2 Marques, J. M., Yzerbyt, V. Y., & Leyens, J.-P. (1988). The "Black Sheep Effect" : Extremity of judgments towards ingroup members as a function of group identification. European Journal of Social Psychology, 18, 1-16.

피해자 비난 (P.168-)

1 Lerner, M. J., & Simmons, C. H.(1966). Observer's reaction to the "innocent victim" : Compassion or rejection? Journal of Personality and Social Psychology, 4, 203-210.

기본적 귀인 오류 (P.170-)

1 Ross, L. D., Amabile, T. M., & Steinmetz, J. L.(1977). Social roles, social control, and biases in socialperception processes. Journal of Personality and Social Psychology, 35, 485-494.

2 Morris, M. W., & Peng, K.(1994). Culture and cause: American and Chinese attributions for social and physical events. Journal of Personality and Social Psychology, 67, 949-971.

◆ 제 6 장 진위

허위 상관 (P.174-)

1 Hamilton, D. L., & Sherman, S. J.(1989). Illusory correlations: Implications for stereotype theory and research. In D. Bar-Tal, C. F. Graumann, A. W. Kruglanski, & W. Stroebe(Eds.), Stereotyping and prejudice: Changing conceptions(pp. 59-82). Springer.

2 타카하시 마사요시(2022). 통계적 인과추론의 이론과 구현 – 잠재적 결과 변수와 결측 데이터 – 공립출판(共立出版)

확증 편향 (P.176-)

1 Johnson-Laird, P. N., & Wason, P. C.(1970). A theoretical analysis of insight into a reasoning task. Cognitive Psychology, 1, 134-148.

2 Snyder, M., & Swann, W. B.(1978). Hypothesistesting processes in social interaction. Journal of Personality and Social Psychology, 36, 1202-1212.

3 Wason, P. C.(1960). On the failure to eliminate hypotheses in a conceptual task. Quarterly Journal of Experimental Psychology, 12, 129-140.

환상의 진실 효과 (P.178-)

1 Hasher, L., Goldstein, D., & Toppino, T.(1977). Frequency and the conference of referential validity. Journal of Verbal Learning and Verbal Behavior, 16, 107 – 112.

2 Pennycook, G., Cannon, T. D., & Rand, D. G.(2018). Prior exposure increases perceived accuracy of fake news. Journal of Experimental Psychology: General, 147, 1865 – 1880.

신념 편향 (P.180-)

1 Morley, N. J., Evans, J. S. B. T., & Handley, S. J. (2004). Belief bias and figural bias in syllogistic reasoning. The Quarterly journal of experimental psychology A, Human experimental psychology, 57, 666 – 692.

바넘 효과 (P.182-)

1 Forer, B. R.(1949). The fallacy of personal validation: A classroom demonstration of gullibility. The Journal of Abnormal and Social Psychology, 44, 118 – 123.

2 Dickson, D. H., & Kelly, I. W.(1985). The 'Barnum effect' in personality assessment: A review of the literature. Psychological Reports, 57, 367 – 382.

피그말리온 효과 (P.184-)

1 Rosenthal, R., & Jacobson, L.(1968). Pygmalion in the classroom. The Urban Review, 3, 16 – 20.

2 Babad, E. Y., Inbar, J., & Rosenthal, R.(1982). Pygmalion, Galatea, and the Golem: Investigations of biased and unbiased teachers. Journal of Educational Psychology, 74, 459 – 474.

3 McCarney, R., Warner, J., Iliffe, S., van Haselen, R., Griffin, M., & Fisher, P.(2007). The Hawthorne Effect: A randomised, controlled trial. BMC Medical Research Methodology, 7, 30.

문맥 효과 (P.186-)

1 Rooderkerk, R. P., Van Heerde, H. J., & Bijmolt, T. H. A.(2011). Incorporating context effects into a choice model. Journal of Marketing Research, 48, 767 – 780.

당신의 뇌를 믿지 마세요

1판 1쇄 발행 2025년 4월 10일

감　　수 | 이케다 마사미, 모리 쓰타코, 다카히라 미에코, 미야모토 고지
번　　역 | 최서희
발 행 인 | 김길수
발 행 처 | ㈜영진닷컴
주　　소 | ㈜08512 서울 금천구 디지털로9길 32 갑을그레이트밸리
　　　　　 B동 10층 ㈜영진닷컴
등　　록 | 2007. 4. 27. 제16-4189호

©2025. ㈜영진닷컴

ISBN | 978-89-314-7919-5

YoungJin.com **Y.**
영진닷컴